国家文化产业资金支持媒体融合重大项目

资源
共享版

职业教育教学改革融合创新型教材·旅游类

客房服务
与管理

**Kefang Fuwu
Yu Guanli**

花立明　主编

马春志　吴琼　副主编

东北财经大学出版社
Dongbei University of Finance & Economics Press

大连

图书在版编目（CIP）数据

客房服务与管理 / 花立明主编. —大连：东北财经大学出版社，
2019.9
（职业教育教学改革融合创新型教材·旅游类）
ISBN 978-7-5654-3541-6

Ⅰ. 客⋯ Ⅱ. 花⋯ Ⅲ. ①客房-商业服务-高等职业教育-教材 ②客房-商业管理-高等职业教育-教材 Ⅳ. F719.2

中国版本图书馆 CIP 数据核字（2019）第 099265 号

东北财经大学出版社出版
（大连市黑石礁尖山街 217 号 邮政编码 116025）
网 址：http：//www.dufep.cn
读者信箱：dufep@dufe.edu.cn
大连天骄彩色印刷有限公司印刷 东北财经大学出版社发行
幅面尺寸：185mm×260mm 字数：211 千字 印张：10.5
2019 年 9 月第 1 版 2019 年 9 月第 1 次印刷
责任编辑：张旭凤 王 娟 责任校对：原 艺
封面设计：冀贵收 版式设计：原 皓
定价：32.00 元

教学支持 售后服务 联系电话：（0411）84710309
版权所有 侵权必究 举报电话：（0411）84710523
如有印装质量问题，请联系营销部：（0411）84710711

富媒体智能型教材出版说明

"**财经高等职业教育富媒体智能型教材开发系统工程**"入选国家新闻出版广电总局新闻出版改革发展项目库，并获得文化产业发展专项资金支持，是"国家文化产业资金支持媒体融合重大项目"。项目以"融通""融合""共建""共享"为特色，是东北财经大学出版社积极落实国家推动传统媒体与新媒体融合发展的重要举措之一。

"**财道书院**"**智能教学互动平台**是该工程项目建设成果之一。该平台通过系统、合理的架构设计，将教学资源与教学应用集成于一体，具有教学内容多元呈现、课堂教学实时交互、测试考评个性设置、用户学情高效分析等核心功能，是高校开展信息化教学的有力支撑和应用保障。

富媒体智能型教材是该工程项目建设成果之二。该类教材是我社供给侧结构性改革探索性策划的创新型产品，是一种新形态立体化教材。富媒体智能型教材秉持严谨的教学设计思想和先进的教材设计理念，为财经职业教育教与学、课程与教材的融通奠定了基础，较好地避免了传统教学模式和单一纸质教材容易出现的"两张皮"现象，有助于教学质量的提高和教学效果的提升。

从教材资源的呈现形式来说，富媒体智能型教材实现了传统纸质教材与数字技术的融合，通过二维码建立链接，将VR、微课、视频、动画、音频、图文和试题库等富媒体资源丰富呈现给用户；从教材内容的选取整合来说，其实现了职业教育与产业发展的融合，不仅注重专业教学内容与职业能力培养的有效对接，而且很好地解决了部分专业课程学与训、训与评的难题；从教材的教学使用过程来说，其实现了线下自主与线上互动的融合，学生可以在有网络支持的任何地方自主完成预习、巩固、复习等，教师可以在教学中灵活使用随堂点名、作业布置及批改、自测及组卷考试、成绩统计分析等平台辅助教学工具。

富媒体智能型教材设计新颖，一书一码，使用便捷。使用富媒体智能型教材的师生首先下载"财道书院"APP或者进入"财道书院"（www.idufep.com）平台完成注册，然后登录"财道书院"输入教材封四学习卡中的激活码建立或找到班级和课程对应教材，就可以开启个性化教与学之旅。

"**重塑教学空间，回归教学本源！**""财道书院"平台不仅仅是出版社提供教学资源和服务的平台，更是出版社为作者和广大院校创设的一个自主选择和自主探究的教与学的空间，作者和广大院校师生既是这个空间的使用者和消费者，也是这个空间的创造者和建设者，在这里，出版社、作者、院校共建资源，共享回报，共创未来。

最后，感谢各位作者为支持项目建设所付出的辛劳和智慧，也欢迎广大院校在教学中积极使用富媒体智能型教材和"财道书院"平台，东北财经大学出版社愿意也必将陪伴广大职业教育工作者走向更加光明而美好的职教发展新阶段。

东北财经大学出版社

前　言

　　本书是为了适应我国职业教育改革和旅游业发展的需要，面向职业院校旅游管理专业和酒店管理专业等旅游大类下相关专业编写的教学用书。本书采用校企合作共同开发的方式，以最新专业教学标准为依据，结合企业调研，明确职业岗位群对从业人员知识、能力、素质的要求，兼顾职业院校对学生可持续发展能力的培养，遵循"循岗导教"的原则来构建教材内容体系。

　　本书在编写中力求体现以下特点：

　　1.针对性。本书面向职业院校旅游管理专业和酒店管理专业等旅游大类下相关专业学生的就业岗位，有针对性地安排和设计内容和形式，注重理论知识与实践技能的相互渗透，可操作性强。

　　2.实用性。本书突出以能力为本位的职业教育理念，与职业标准接轨，提高学生综合运用专项的职业能力，以适应职业环境的需要，内容力求突出职业教育的实践性、职业性和开放性。

　　3.互动性。本书以学生"交互"学习为编写依据，将"情境化""个性化"和"外显化"三个要素的具体内容整合于教材设计中，强调互动体验。

　　4.创新性。本书将"互联网+"的理念融入教材，通过"财道书院"智能教学互动平台，创建一种开放、共享的学习环境，拓展学生视野，方便学生自主学习。具体步骤为：首先注册并登录"财道书院"（www.idufep.com），然后在"课程中心"下找到"客房服务与管理"课程，最后输入封底所附学习卡中的激活码开始学习。

　　本书不仅能满足旅游职业院校同仁及学生学习客房岗位业务知识的需求，也能满足业界新人或从业者加强学习酒店客房业务知识的实际需要。

　　本书由花立明担任主编，马春志、吴琼担任副主编，由花立明负责总纂定稿。编写工作具体分工为：马春志（长春职业技术学院）编写项目一、项目四；吴琼（长春职业技术学院）编写项目五；花立明（长春职业技术学院）编写项目二；张丹丹（青岛西海岸隆和艾美酒店）编写项目三；杨丽丹（长春职业技术学院）编写项目六；王洋（长春职业技术学院）编写项目七。

　　本书承载的是东北财经大学出版社在思想、理念和技术等方面的正确引领和鼎力支持，凝结的是学界和业界人士的智慧碰撞和责任意识，在即将出版之际，谨向参与编写的全体同仁及东北财经大学出版社的领导与编辑为本书的出版作出的贡献致以诚挚的感谢！

　　由于作者水平有限，书中疏漏之处在所难免，恳请专家、学者、同仁不吝赐教。

编　者

2019年7月

目 录

本书资源目录

课程平台资源

书中二维码资源

项目

*本书课程资源请登录"财道书院"平台进入"课程中心"观看和使用。

项目一　客房岗位认知

◉ 项目描述

　　饭店是旅游者到达旅游目的地后寻求下榻的主要场所，并以此为基地进行各种活动，以实现其旅游愿望。虽然现代饭店中各种设施日趋多样、丰富，饭店的功能也随之增加，但是，满足客人投宿的要求仍是现代饭店最基本和最重要的功能。客房是必不可少的基本设施，舍之则饭店不能被称为"饭店"。来到客房岗位工作之前，学生要了解自己的工作环境，知晓客房部的组织架构，明确客房岗位对从业人员职业素养的要求，并以此为目标，有意识地塑造与培养自己的职业素养。为此，本项目设置了熟悉部门概况、客房产品认知两个任务。

◉ 学习目标

知识目标　1.了解客房部的任务、组织机构设置及分支机构的职能；
　　　　　2.了解客房设计的发展趋势；
　　　　　3.知晓客房部领班及服务员的岗位职责；
　　　　　4.熟知客房的功能区域划分；
　　　　　5.掌握客房类型及客房用品的配置标准。

技能目标　1.能够准确描述客房部领班及服务员的岗位职责；
　　　　　2.能够准确描述酒店客房用品配置标准。

素质目标　认识客房工作的重要性，树立正确的环保理念。

◉ 任务一　熟悉部门概况

任务导入

以"客房岗位认知"为题，通过网络搜集星级与经济型酒店客房部操作层（领班、清扫员）岗位职责，完成一份"客房职业岗位认知书"。

相关知识 ◉

一、客房部的任务及管理目标

（一）客房部的基本概念

客房部，又称房务部或管家部，其工作的重点是管理好饭店所有的客房，通过组织接待服务，加快客房周转。客房，是饭店的主体部分，是饭店向客人提供住宿和休息的主要设施，其规格要求主要有：

1.客房空间规格

客房空间是客房的基础。我国《旅游饭店星级的划分与评定》规定：星级酒店标准间客房净面积（不含卫生间）不能小于14平方米；卫生间面积不能小于4平方米；标准间高度不能低于2.7米。

2.客房设备规格

客房设备是构成客房实用性的重要条件之一，因此，它必须保质保量，而且要方便客人使用和服务人员操作。

3.供应物品规格

不同星级和档次的饭店对房间的供应物品有不同的要求，但只要是饭店等级规格要求的，哪怕是一张纸、一个信封，都应符合要求，否则会给客人的生活起居带来不便。

4.客房运转规格

客房的设施设备，只有在正常运转状态下，才能为客人提供良好的服务。因此，客房部必须严格执行岗位责任制，协调与其他部门的关系，组织员工共同劳动，使客房清洁高雅、温度适中、美观有序，保持设施设备齐全完好的状态，为客人提供规范性和针对性相结合的优质服务。只有这样，客房商品的价值才能得以实现。

符合以上四个方面的基本要求，饭店的客房才具备了与客人进行商品交换的基本条件，客人的需求才会得到满足。

（二）客房部的任务

虽然不同的饭店在类型、规模、档次及管理模式等诸多方面存在着差异，但各个饭店的客房部职能都是基本相同的，即清洁保养和服务两大职能。

1.清洁保养

清洁保养是饭店客房部的基本职能，清洁保养有两层含义，即清洁卫生和维护保养。

（1）清洁卫生

清洁和卫生既有联系又有区别，清洁是卫生的基础，但是清洁不等于卫生。

①清洁——除"脏"，指用专门的清洁设备和用品，采用一定的技术手段和方法清除灰尘、污垢、斑渍、锈蚀等形态的"脏"，从而达到洁净的目的。

②卫生——杀菌消毒、防止疾病、有益健康，达到规定的卫生标准。

随着物质生活水平的提高，人们对生活环境质量的要求越来越高，卫生是人们外出下榻需要考虑的第二大因素，客房部是饭店负责清洁卫生的第一部门，承担饭店客房及大部分公共区域的卫生清洁工作。

（2）维护保养

维护保养是指对饭店的设施设备进行必要的保护和修理，使之避免遭受破坏，保持正常状态。维护保养工作意义重大，它直接关系到饭店设施设备的使用寿命和资金的节约，所以应做到：

①设施设备有问题及时报修，使之尽快投入使用，提高客房的出租率。

②合理维护保养，设法延长设施设备的使用寿命。

2.服务

服务是饭店客房部的一项重要职能，客房部的服务对象分为两类：一类是外部客人；另一类是内部其他部门人员。

（1）对外部客人服务

饭店是为客人提供休息、工作、社交、娱乐活动的场所，饭店不仅要为客人提供完备的物质条件，还应为客人提供周到、优质的服务，保证客人的物质和精神需求得到满足，使他们宾至如归。

（2）对内部其他部门人员服务

一方面，在饭店的整体运行中，客房部必须为其他部门提供有关业务方面的支持和帮助。

另一方面，饭店服务是一个系统，有多条供应链，客房部是这个系统中的一部分，每个人既要接受别人的服务，又都在为别人服务。因此，客房部对内服务的好坏直接影响饭店的整体运行，也会最终影响对客服务的质量。

（三）客房部的管理目标

客房部的管理目标与饭店的总体目标是一致的，就是要获得理想的经济效益和社会效益。客房部的管理目标主要包括以下几个方面：

1.保证客房的销售

从整体经营收入来看，饭店主要有三个方面的收入来源：客房收入、餐饮收入、综合服务设施收入。其中，客房收入是饭店收入的主要来源，在旅游业发达国家，客

职业引导1-1

酒店人不可不知的名人名言

房收入在饭店营业收入中大多超过60%，有的甚至达到70%~80%。我国饭店业正处在发展阶段，比起饭店业发达的国家还比较落后，无论是经营项目还是综合服务都比较少。尽管如此，客房部仍然是饭店整体收益最高的部门。在五星级饭店中，客房收入占饭店总收入的比例约为55%，而其支出仅占总支出的11%。从利润的角度分析，因为客房经营成本比其他部门低，饭店客房出租率越高，就越能带动饭店其他部门产品的销售，因此客房销售仍是饭店获取收入的重要途径。

客房销售的数量和价格决定着客房销售收入的多少，客房部可以从以下三个方面着手，为客房的销售提供必要的保障：

（1）清洁、卫生

清洁、卫生是现代文明的标志，是客人对客房的基本要求。无论客房的种类、规模如何，都必须清洁、卫生，其具体的标准是统一的，这充分说明了清洁卫生程度对客人选择饭店的重要性。而当前还有一些业内人士错误地认为，清洁卫生程度是与饭店的档次规模相适应的，其实在客人的心目中，无论饭店的星级如何，其差别在于硬件设施的豪华程度和其提供的服务项目的多少，但是卫生条件的标准应该是一致的，这是客人的永恒期待。

（2）舒适、方便

客房作为旅游者的家外之"家"，应为客人创造舒适、方便的环境和条件。《旅游饭店星级的划分与评定》（GB/T14308—2010）中，特别增加了有关饭店核心区域——前厅、客房和餐厅的整体舒适度的内容。舒适，并不一定是高档，而是能满足客人身体上和心理上的需要。客房是否能够满足客人的这一需求，是由两个方面的条件决定的：硬件和软件。在硬件方面，客房的设计布局、功能安排合理，设备的配置齐全、完好、适用；在软件方面，配套相关服务，而且质量优良，客人的合理需求能够得到满足。

（3）安全

保障客人的安全是饭店一项非常重要的任务，也是客人入住饭店的最基本需求之一。美国康奈尔大学管理学院通过对3万名旅游者的调查获悉，60%的被调查者把安全列为第一需求。旅游者的安全不仅包括人身、财产安全，还包括健康安全。因此，要在饭店的客房区域创造一种安全的气氛，如配备完好的设施设备，以便防火、防盗、防疾病；保护客人的隐私，尊重客人对房间的使用权，让客人不受到骚扰和侵犯等。客房的安全状况是客房商品的重要组成部分。

2.保证饭店的清洁保养水平

客房部的基本职能就是清洁保养，而且整个饭店公共区域的清洁保养都是客房部来完成的，因此，客房部的清洁保养水平也就决定了饭店的清洁保养水平。保证饭店清洁保养水平也就成为客房部的管理目标之一。

3.增收节支

增收节支是企业取得良好经济效益的基本做法。"增收"即增加收入：一方面客房部可以通过加强客房管理来保证客房的销售，配合销售部门来提高客房出租率，增加饭店客房收入；另一方面，利用现有的资源优势，拓展对外业务以增加客房部的营业收入。"节支"即减少支出，节约资源。客房在饭店的运行与管理中是一个消耗部门，因此，在确保质量的前提下，客房部应把降低消耗、控制支出作为基本目标。

二、客房部的组织机构设置

建立科学的组织机构，是保证客房部顺利开展各项工作并优质、高效运转的基本条件。客房部的组织机构应根据饭店的实际情况而设计，并随着情况的改变而调整。

（一）客房部总组织机构

客房部的总组织机构没有统一的模式和固定的形态，各饭店要根据自身的类型与规模等客观条件，以及经营指导思想等主观因素进行设计，还要随着饭店的发展变化及时地做出调整。根据我国旅游饭店的普遍做法，一般把客房部的总组织机构形态分为大中型饭店客房部组织机构和小型饭店客房部组织机构两类。

1.大中型饭店客房部组织机构

在大中型饭店里，客房部的责任范围较大，管辖的区域往往也较多，因此这类客房部组织机构的规模也就比较大，其分支机构和机构层次较多，工种齐全、分工细致、职责明确。大中型饭店客房部一般分为客房服务中心、公共区域和洗衣房三个基本部分，有的还把楼层和布草房单列，从而分为五个部分。在层次上，客房部通常有经理、主管、领班和普通员工四个层次，有些饭店在客房部只设经理、主管和普通员工三个层次。大中型饭店客房部组织机构图见图1-1。

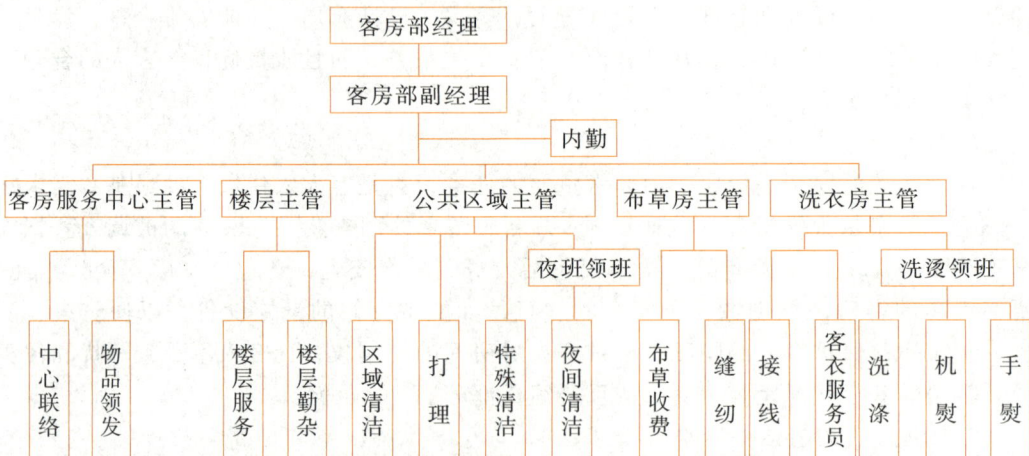

图1-1　大中型饭店客房部组织机构图

2.小型饭店客房部组织机构

在规模较小的饭店里，客房部组织机构的层次少，分支机构少，而且各岗位之间往往是分工不分家，一专多能。另外，由于饭店设施的配置没有大中型饭店多，某些业务也由社会上的一些专业公司或别的饭店来承担，如布草的洗烫、饭店外墙的清洗、地面的保洁等。客房中心对客服务电话的接听，由总台服务员承担，其他工作由客房部经理根据部门的情况安排给相应岗位。小型饭店客房部组织机构图见图 1-2。

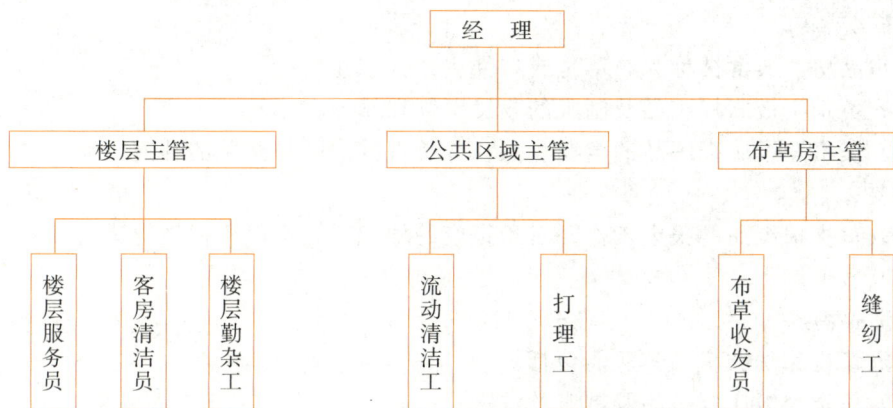

图 1-2 小型饭店客房部组织机构图

（二）客房部分支机构

1.客房服务中心

客房服务中心一般位于客房部办公室区域，它的基本职能是：

（1）传递信息。客房服务中心既是客房部内部及饭店其他部门信息交流的中心，同时也是对客服务的中心，所有与对客有关的服务及管理信息都汇集于此，客房服务中心承担着大量的信息传递工作。

（2）协调工作。客房服务中心通常代表客房部经理协调部门内部的工作，并与相关部门联络，沟通各方面的工作。

（3）控制出勤。客房部所有员工均在客房服务中心签到、签退，客房服务中心负责对该工作的监督，并对出勤情况进行统计和整理。

（4）管理钥匙。客房部所有钥匙的发放、收回及保管均由客房服务中心负责。

（5）管理遗留物品。饭店所有区域内的遗留物品通常归口客房服务中心管理。

（6）管理资料。客房部的大部分资料由客房服务中心服务员整理归档。

2.客房楼层

客房通常是饭店的最主要产品，客房楼层部分自然也成为客房部组织机构中的主体，其职能包括：

（1）为前厅部提供符合饭店标准的客房；

（2）为宾客提供礼貌、周到的服务；

（3）管理楼层区域的设施、设备。

3.公共区域

公共区域通常称为 PA 组，在一些饭店也被称为厅堂组，其职能包括：

（1）负责除楼层与厨房以外所有区域的清洁和保养；

（2）负责楼层的地毯及软面家具的定期清洁和保养；

（3）为整个饭店提供绿色植物及花卉的布置，负责庭院绿化；

（4）为宾客提供公用卫生间的服务。

在一些饭店，公共区域还负责客房及其他部门家具的搬运及布置。

4.棉织品房

棉织品房，通常被称为布草房或布件房，其职能包括：

（1）负责全饭店棉织品及制服的收发保管和修补；

（2）负责全饭店棉织品的定期盘点，并负责棉织品与制服的补充，满足各部门的营运需要；

（3）负责棉织品的报废工作，对于报废的棉织品，可以根据情况进行改制，以充分利用其残值。

5.洗衣场

洗衣场也称洗衣房，其职能包括：

（1）负责全饭店棉织品及制服的洗涤；

（2）为住店客人提供洗衣服务；

（3）对外营业。

任务实施 ◉◉

职业引导1-2

从象牙塔到职业人，你缺的是什么

步骤1：将全班同学按每个小组5~6人分成学习小组，每组确定1人负责。

步骤2：分别搜集星级酒店与经济型酒店客房部操作层（领班、清扫员）岗位信息，内容包括：岗位名称、管理层级关系、基本职责、工作内容、任职资格。

步骤3：根据搜集的素材，填写表1-1"客房职业岗位认知书"。

表1-1 　　　　　　　　　客房职业岗位认知书

日期：　　　　　　　　团队名称：

岗位信息	酒店类别	
	星级酒店	经济型酒店
岗位名称		
管理层级关系		
基本职责		
工作内容		
任职资格		

步骤4：在教师的指导下，在班级进行交流讨论，比较星级酒店和经济型酒店客房部操作层员工的工作内容差异。

步骤5：教师进行点评与总结。

任务评价 ◉◉◉

客房职业岗位认知书评价标准见表1-2。

表1-2　　　　　　　　　**客房职业岗位认知书评价标准**

评价项目	评分标准	分值（分）	得分（分）
团队协作	团队分工合理，全员参与，团结协作，共同完成任务	10	
资料搜集	资料搜集充分，为完成学习任务提供翔实资料	10	
学习任务单	学习任务单内容填写完整，书写工整	15	
	岗位名称准确	10	
	管理层级定位准确	10	
	基本工作职责描述清晰，概括性强	15	
	工作内容描述翔实、具体，符合酒店客房部实际工作要求	15	
	任职资格描述清晰，涵盖知识、技能、态度三方面要求	15	
总分		100	

◉ 任务二　客房产品认知

任务导入

　　以"客房产品认知"为主题，以学习小组为单位，五个小组分别考察本地白金五星级、五星级、四星级、三星级、经济型酒店各一家，了解不同等级的酒店标准间卧室及卫生间用品的配置规格，填写客房物品配置清单，并提交相关图片资料，同时将学习成果以PPT形式呈现出来。

相关知识 ◉

一、客房的类型

（一）按传统类型划分

1.按房间及床位数量划分

（1）单人间

　　单人间是指配备一张单人床的单间客房（见图1-3），有独立的卫生间，适合于单个客人使用。这种房间在客房中占的数量较少，但是功能齐全，隐密性强，颇受旅

微课视频1-1

按传统类型
划分的客房

游者特别是商务旅游者的欢迎。近年来，单人间的数量在饭店呈上升的趋势。在日本和美国的很多大城市中，商务型饭店的单人间与双人标准间之比已达到1∶1，即使在一般城市，单人间也占客房总数的10%～15%。

图1-3 单人间

（2）大床间

房间内配备一张双人床的客房称大床间（见图1-4），适合夫妻旅行者同住，也适合单独旅游者。专为新婚夫妇入住准备的大床间称为"蜜月客房"。现在有些饭店为大床间增加了现代化办公通信设备，开辟商务楼层，招徕消费水平较高的商务客人。特别是在以接待商务客人为主的饭店，大床间占客房总数的比例逐渐增加，多者可占到50%～60%。

图1-4 大床间

（3）双床间

房间内配备两张床的客房称为双床间。客房部为了满足不同层次客人的需求，把双床间分为以下几种：

①标准间（见图1-5）：其是指房间内配有两张单人床，常用多功能床头柜隔开，可供两位客人居住，多适用于旅游团队、会议团体客人。这类客房经济实用，是目前饭店尤其是旅游饭店客房中占比最大的客房。

图 1-5 标准间

②配置单双两便床：其是指房间内一个床头板连接两张单人床，既可独立作为两张单人床使用，又可合并作为双人床使用。这类客房既可与大床间基本相同，主要供夫妇使用，又可根据需要调整成标准间。

③配置两张双人床：其是指房间内配有两张双人床，既可供两个单独旅游者居住，也可供夫妇或家庭出行客人居住。这类客房的面积比普通标准间稍大。

④配置一张双人床、一张单人床或配置一张大号双人床、一张普通双人床：这类客房主要满足的是家庭旅游客人的需要，在当前的经济型酒店中比较常见。

（4）三人间

配置三张单人床的客房叫三人间（见图 1-6），属于经济型客房。在国内的一星级、二星级饭店，这样的设置相对较多，而在高星级饭店三人间设置较少甚至不设。如有三人要求同住一间客房时，往往在标准间内临时加一张折叠床。三人间在国外很多五星级饭店都有设置，目的在于树立良好的公众形象，它似乎在告诉人们：尽管我们是五星级饭店，但我们也是向普通公众开放的。

图 1-6 三人间

（5）套间

由两间或两间以上的房间构成的客房，称为套间。等级越高的饭店套间的数量越多，美国近年来出现的全套间饭店称为 Hometel。根据套间使用功能和室内装饰标准，套间可细分为下列几种：

①普通套间

普通套间由连通的两个房间组成，一间为起居室，另一间为卧室，卧室内放置一张大床或两张单人床，并带有卫生间。起居室用以会客、办公，也附有一个小卫生间，其内可不设淋浴房（见图1-7）。

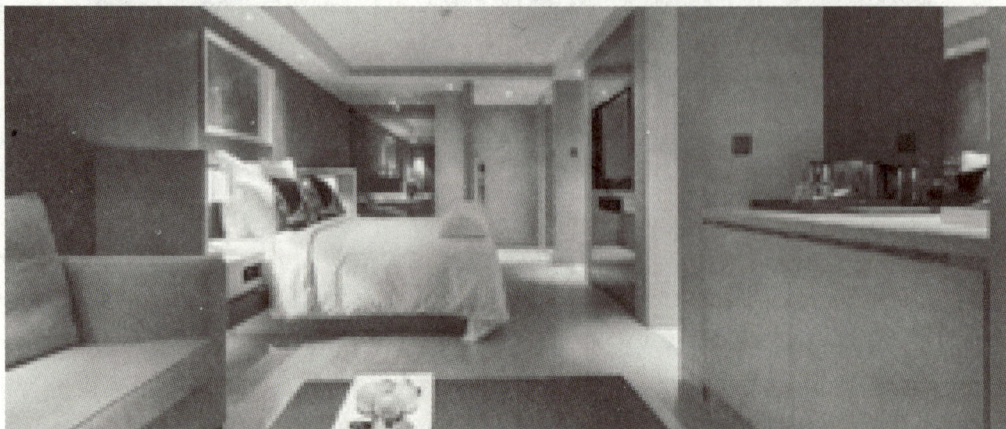

图1-7　普通套间

②立体套间

立体套间也称双层套间或复式客房，是一种两层楼套间，起居室在楼下，卧室在楼上，起居室和卧室由室内小楼梯连接。这类客房适合带小孩的家庭居住，小孩可睡在楼下沙发床上，大人睡在楼上；商务客人往往也喜欢住这类客房，因为楼下可以办公和会客使用，楼上用来休息。

③豪华套间

豪华套间一般由3~5个房间组成，主要有卧室、会客室、卫生间、小厨房、餐厅、书房等，室内设备齐全（见图1-8）。豪华套间的特点在于注重客房的装饰艺术与布置氛围，用品配置档次高，功能完善、齐全，房间的装饰布置和设备用品华丽高雅。卧室一般配置大号双人床或特大号双人床。在饭店中，该类客房数量不多，价格昂贵，一般适合有经济实力的富商和知名人士居住。

图1-8　豪华套间

④总统套间

《旅游饭店星级的划分与评定》规定：三星级以上的饭店要设置总统套间。总统套间也称总统房，通常由七八个房间组成，是饭店内最为豪华高档的客房（见图1-9）。总统套间内总统与夫人的卧室单独设置，男女卫生间分设。总统套间拥有客厅、书房、健身房、会议室、随员室、警卫室、餐厅或酒吧间以及厨房等，有的还有室内花园。整个套间装饰布局极为讲究，设备用品富丽堂皇，房间内常用名贵的字画、古董、珍玩装点。广州东方宾馆总统套间内鎏金雕花的《清明上河图》价值50万美元，北京王府饭店总统套间的玉带桥玉雕价值160万美元。总统套间造价昂贵，出租率较低。对饭店来讲，它是一种标志，意味着饭店的规格和档次高，具备接待总统的能力。但是，总统套间并非只有总统才可以居住，只要具有消费能力，谁都可以住。事实上，住总统套间的客人多数是富商。

图 1-9 总统套间

2.按客房的位置分类

（1）连通房：指两个独立的、中间由装有门锁的双扇门相通的双人房间。连通房可作为套间出租，也可作为两间独立的双人间出租。

（2）内景房：指房间的窗户朝向饭店的内部庭院的客房。

（3）外景房：指房间的窗户朝向饭店的外部景观，如朝向街道、江河、湖泊、大海、高山、公园等的客房。

（4）角房：指房间位于楼层的拐角处或走廊过道尽头。这类客房在多边形建筑中较多。

（5）相邻房：指室外两扇门毗邻而室内无门相通的客房。

（二）按房间特点划分

客房运行成本低，收益回报丰厚，是酒店利润的重要"产地"。但是，长期以来，客房有形产品呈现千篇一律的"标准"模式，许多酒店客房从功能布局乃至家具款式、布艺，几乎大同小异，甚至衣柜和小酒吧的位置及做法都惊人地一致，变成了真正意义上的"标准"客房。而从客人的需求来分析，客人更希望在客房内能够有一些新奇的享受和经历，有一些与众不同的收获和感受。因此，开发各类具有个性色彩的新概念客房，创造客房卖点，满足不同客人的偏好，是饭店业发展的必

推荐视频1-1
特色酒店

然趋势。

1.主题客房

为提升酒店的核心竞争力，创造酒店行业的新品牌，使消费者享受到更好的自然居住环境和酒店文化体验，在更广范围内创建主题酒店，已经成为很多酒店的优选。

主题客房是主题酒店的重要组成部分。酒店可根据不同客人的需求偏好设计不同的客房产品，这些客房产品包括老年客房、青年客房、新婚客房、单身女性客房、儿童客房等。酒店也可因地制宜，通过挖掘不同的地域文化，开发各类"特色客房"，如民俗风情客房、乡村风格客房、海底世界客房、世界风情客房、太空世界客房等。酒店还可根据不同历史时代的人文特点进行主题的选择和设计，这种人文特点既可以是现代的，也可以是历史的，甚至是远古的，抑或是未来虚拟的，如史前客房、未来主流客房等。酒店更可以以不同的文化作为主题切入点，设计各具特色的文化客房，如电影客房、摇滚之夜客房、小说客房等，甚至还有以某种特定环境为主题的客房，如监狱客房、梦幻客房等。

2.高科技客房

进入21世纪，高科技在客房服务和管理中得到广泛的应用。例如：客房内可通过运用高科技手段为客人提供WI-FI网络、智能窗帘、智能音响等服务，甚至为客人提供更为个性化的服务。比如，日本生产设计出一种采用集成电路控制的小冰箱，能自动记录冰箱内每一种物品的存取，一旦客人结账退房，冰箱就会自动锁上，可免去查酒吧的工作。又如，法国雅高集团在巴黎尝试"高科技客房"这一新概念客房。客房中床更宽，卫生间更大，照明也更好，采用可旋转的液晶显示电视屏幕、遥控芳香治疗系统、环绕音响系统等。

3.无障碍客房

在我国，《旅游涉外饭店星级的划分与评定》对酒店接待残疾人的设施要求做了基本的规定。

（1）电梯

电梯的设置与安装应该尽可能地方便残疾人使用。例如，宜安装横排按钮，高度不宜超过1.5米；在正对电梯进门的墙壁上安装较大的镜子；使用报声器等。

（2）客房

为保证出入无障碍，门的宽度不宜小于0.9米；门上不同的高度分别安装窥视器；床的两侧应该有扶手，但不宜过长；窗帘安有电动装置或遥控装置。房内各电器按钮或插座不得高于1.2米；如果酒店没有残疾人楼层，残疾人客房的位置不宜离电梯出口太远。

（3）卫生间

卫生间关于门的要求和客房一样，出入都须无障碍；门与厕位间的距离不小于1.05米，云石台高度在0.7米左右且下面不宜有任何障碍物，坐便器和浴缸两侧装有扶手，且扶手能承受100千克左右的拉力或压力等。

职业前沿1-1

被小看的青年旅社

案例精选1-1

形形色色的主题客房

案例精选1-2

奇特的酒店

知识链接1-1

在设计残疾人客房时，应考虑哪些重要因素

4.女性客房

随着女性地位的提高，女性客人在酒店客源中占有越来越大的份额，比如美国，30多年前商务旅行者中女性仅占1%，现在却将近40%。针对这一现象，为女性宾客专门设计客房日益成为趋势。2001年瑞士苏黎世市在世界上开出了第一家针对女性商务游客的酒店"Lady's First"（女士优先），获得了很大的成功。虽然，我国单身女子酒店消费市场细分和引导尚处于萌芽状态，但是善于捕捉商机的业界人士早已关注到这一市场。在一些经济发展迅速的地区，如上海、广州、杭州等城市的高星级酒店已相继开辟了"女士楼层"。

女性客房的功能布局、装修装饰、设备用品、环境氛围、服务项目、服务方式等都体现了十足的"女人味"，室内装饰富有浪漫情调，整体气氛温馨雅致，配有女性专用毛巾、梳子、梳妆台、试衣镜、香皂、睡衣、女性杂志，并提供美容美发服务信息、出游最佳方案等，在女士楼层内一律配备女性服务员和女性保安人员。女性客房的每一处细节、每一项服务都用心考虑到了女性的心理特点，充满女性气息。

5.老年人专用客房

现今，世界人口普遍向老龄化发展，老年人市场近几年呈扩大之势。通常，老年人在酒店停留的时间较长，消费较高，"银发市场"已成为酒店新的竞争点。老年人客房的设计、装饰比较注重传统的民族风格，配以字画、摆设。客房色调以暖色为主，多用调和色，在绿化布置上，多用观赏盆景和常绿植物、鲜花。健康、方便是老年人客房的需求重点。例如：在卫生间要设置防滑把手，门把手和开关位置要适宜，要设置多个召唤铃，客人可以不用移动太远，就可询问自己需要的服务。

总部设在美国亚特兰大市的假日酒店集团市场部认为，酒店在21世纪的主要客源将是中老年市场，并据此推出一项"假日老友俱乐部"优惠计划，该计划强调安全性与舒适性，还安排员工提供咖啡和免费早餐上门送餐服务。

6.绿色客房

随着地球环境的恶化，人们更趋向于树立和自然和谐共处的"绿色意识"。因此"绿色客房"是21世纪客人的理想客房。美国著名管理大师乔治·温特在其《企业与环境》一书中写道："总经理可以不理会环境的时代已经过去了，将来公司必须善于管理生态环境才能赚钱。"绿色客房建立的根本目的是满足消费者对清洁、安全、健康、舒适的居住环境的要求，这一要求所包含的内容非常广泛。

（1）客房内提供给客人使用的家具用品清洁、无污渍。

（2）客房是安全的，包括客房设备安全、客房仪器和饮用水安全、保险箱及门锁安全、消防安全等。

（3）客房内无病毒、细菌感染等；室内空气清新，无化学污染；负氧离子含量满足人体需求等。

（4）客房家具的设计人性化、布局合理，室内无噪声干扰，采光和照明良好等。

（5）为满足上述要求而采用的设备设施、能源、原材料等都是环保型的。

拓展阅读1-1

绿色饭店

7.无烟客房

目前，无烟客房已成为趋势。北京天伦王朝酒店和京广新世纪酒店等酒店的无烟楼层均吸引了大量回头客，这些酒店既创造了市场营销的机会，留住了客人，也为酒店赢得了较好的口碑。北京一家五星级酒店的有关调查结果显示，该酒店每10位外宾中，至少有7位选无烟楼层。近几年来，欧美、新加坡、中国台湾的游客大都选择无烟楼层。越来越多的酒店都进行了无烟客房的尝试。

在酒店的发展过程中，酒店管理者越来越重视客人的需求，应该说市场上有多少客房类型的需求，酒店就有多少类型的客房。这是现代酒店在经营过程中提供个性化服务的一个重要手段，也是市场发展的必然规律。

二、客房功能布局的划分

饭店客房通常分为五个功能区域：睡眠空间、盥洗空间、起居空间、书写与梳妆空间和贮存空间，下面我们以标准间为例说明。

（一）睡眠空间

1.床

睡眠空间是客房中最基本的空间（见图1-10），其中最主要的家具是床，床是饭店为客人提供休息和睡眠的主要设备。床的质量要求是重量轻，牢固度好，床垫软硬度适宜，床架底部有活动走轮和定向轮。床的高度以床垫离地50～60cm为宜，床的常见规格见表1-3。

图1-10　睡眠空间

表1-3　　　　　　　　　　　　　　　床的常见规格

床的种类	床的规格（cm）
单人床	120×200
双人床	150×200
大号双人床（女王床）	160×200
特大号双人床（帝王床）	200×200

2.床头柜

床头柜是客房必不可少的家具之一，高度通常在50～70cm，以方便客人躺在床

上时，眼睛能平视床头柜上的物品。床头柜的长度在60cm左右。床头柜可分为单人床头柜和双人床头柜，单人床头柜的宽度为37~45cm，双人床头柜的宽度通常为60cm。一般床头柜上放有一部电话、便条纸和一支削好的铅笔，方便客人通信联络，一些饭店还在床头柜上放上晚安卡、常用电话号码卡等。

作为现代化的饭店，在客房设备配置上要体现"以人为本"的理念，即"从宾客角度出发，使客人在使用客房时感到更加方便、舒适"。例如：传统的床头柜控制板正在逐步被淘汰，取而代之的是"一钮控制"的方式，也就是说，客人晚上睡觉时只需按一个按钮就可将室内所有需要关掉的电器、照明灯关掉。

（二）盥洗空间

客房卫生间是客人的盥洗空间。客房的卫生间一般是背靠背，目的是使相邻房间的两个卫生间可以共用一个排（供）水管道，而卫生间的墙壁还可以起到屏风的作用。

知识链接1-2
酒店浴室设计
为什么喜欢用
玻璃呢

1.浴房

浴房带有冷热水龙头，并装有淋浴喷头，既能固定也可手拿。浴房地面采用防滑地砖。另外，浴房还有活动的晒衣绳供客人晾衣物用。豪华房间会装上能产生漩涡的水疗装置，有的还配置有小型电动蒸汽发生器的桑拿浴设备。

2.恭桶

恭桶的尺寸一般为高36cm，长72~76cm，为满足客人的使用要求，恭桶前方需有45~60cm的空间，左右需有30~32cm的空间。

一些国家的女士习惯使用妇洗器，因而高级豪华饭店与一些较高级别饭店的卫生间里常设有四件卫生洁具，即浴缸、恭桶、妇洗器和洗脸盆。一些厂商设计了将恭桶与妇洗器功能集成为一体的新颖卫生洁具，它具有先进的功能，如可预热的恭桶坐圈，可在便后冲洗并调节冲洗水的水温。这种卫生洁具的价格比普通恭桶高十几倍，正成为豪华饭店的必备设备。

3.面盆和云台

云台的大小一般无统一规格，但高度一般为80cm，这对于标准身高的人来说是最佳高度。面盆一般镶嵌在由大理石、人造大理石或玻璃等铺设而成的云台里，上面装冷、热水龙头，有的饭店还装有可供客人直饮的饮用水龙头。在面盆上方墙面多配有一面大玻璃镜，镜子里面或侧面装有放大镜，以便客人剃须和化妆使用。为了解决因客人沐浴而使镜面蒙上水蒸气看不清镜面，一些饭店镜子背面装有除雾装置或使用防雾镜。卫生间一般没有外窗，全部靠人工采光，所以要特别注意照明的光色。只有采用与日光光色类似的三基色荧光灯才能使化妆色彩合适。为了保证梳妆所需的照明度，镜前照明应使光线从人的上方照到人的脸部。

云台上可放各种梳洗、化妆及卫生用品。在洗脸台侧面墙上，应设有吹风机和国际标准110V/220V交流电的"不间断电源"插座（供客人使用电动剃须刀等），有的饭店还装有电话副机。盥洗空间见图1-11。

图1-11　盥洗空间

（三）起居空间

起居空间应在标准间的窗前区，放置软座椅、茶几（或圆桌），供客人休息、会客、观看电视等。起居空间见图1-12。

图1-12　起居空间

（四）书写与梳妆空间

标准间的梳妆空间一般在床尾的对面，沿墙摆放长条形的多功能柜桌。一般还会搭配行李架、写字台和电视机柜。

1.行李架

所有的客房都应设行李架或行李椅。它可以设计成写字、梳妆台的扩充部分或者作为单独的一件家具。行李架的高度为45cm，宽度为65cm，长度为75~90cm，大房间的行李架可大于此规格，以方便客人摆放行李箱和拿取衣物。为了减少损坏，行李架的表面一般都有按一定间距进行固定的木条，防止行李箱的金属饰钉损坏其表面，同时避免有尖锐物品突出而损坏客人行李箱。有的饭店在行李架上设有软垫或靠垫。

2.写字台

写字台可兼作梳妆台，一般为全木制品。标准间写字台装有抽屉，用来存放文具。它的宽度与其他家具统一，通常为40~50cm，高度为70~75cm，相应地，梳妆凳的高度为43~45cm。写字台墙面的上方应设有梳妆镜。为了达到更好的梳妆效果，上方应装有照明灯以提升亮度。

3.电视机柜

电视机柜（架）是每个房间的必备物品，有木质、金属和金属与木质混合结构三种类型。电视机柜上放电视机。

书写和梳妆空间见图1-13。

图1-13 书写和梳妆空间

（五）贮存空间

贮存空间主要是指设在房门进出过道侧面的壁橱和紧靠壁橱的小酒柜。

1.壁橱

壁橱设在客房入口的过道内。壁橱的长度应不少于100cm，进深不少于50cm。为了方便挂衣，同时又保证长衣服不致触地，挂衣横杆高度应为170cm，杆的上部应留有7.5cm的空间，以便衣架的移动和取挂。壁橱门可以使用推拉门、折叠门和移动门。为了节约用电，现在不少饭店提高了廊灯的亮度，从而取消了壁橱照明灯。在提供擦鞋服务的饭店，客房壁橱内通常还配有鞋篮。

2.酒柜

酒柜上方摆放各种酒水、酒具、茶具、电热水壶及休闲食品，下方为存放饮料的小冰箱。冰箱里备有饮料和水，以便客人饮用。客人也可摆放自己的物品。

贮存空间见图1-14。

图1-14 贮存空间

前沿资讯 1-1

2018，你的酒店最值得入手的六样"黑科技"

职业前沿 1-2

储物柜成鸡肋，酒店业正在为千禧一代重新设计客房空间

名家观点 1-1

袁宗堂谈客房的舒适度

宾客体验 1-1

美国行酒店住宿有感

三、客房设计发展的趋势

社会在发展，客人的需求不断在变化，客房同样要"与时俱进"，客房设计总体上呈现以下趋势：

（一）体现人性化关怀

随着科技的发展和社会的进步，人们的生活水平越来越高，宾客对客房的要求也随之提高，很多酒店都引进了"人性化"的概念，以便更好地满足宾客的需求。近年来新建或改建的酒店，客房正在悄悄地发生变化，即越来越注重满足客人的需求，凸显人性化设计的理念。

（1）客房窗台下移，以开阔视野及增加采光，有的干脆采用落地窗。

（2）客房内灯光向顶灯、槽灯方向发展，容易损坏的床头摇臂灯、占地方的落地灯被采用得越来越少。

（3）客房内越来越多地采用节能光源，同时也有将壁橱灯移出，利用走道灯作衣柜照明的情况。

（4）客房内电源插座、电话插座抬高，方便客人使用。因为随着客人随身携带电器的增多、便携电脑上网的普及，客人会越来越多地使用电源插座。

（5）房间号牌设置在门铃按钮的墙上，方便住客和访客的找寻。

（6）客房内设有"不间断电源"插座，方便客人给手机充电。

（7）保险箱设置于方便存取之处。保险箱位置不宜设计得太低或太高，以方便客人取用的高度为宜。保险箱变宽，供客人存放手提电脑。

（二）卫生间革命一马当先

在酒店客房的各种变化中，卫生间的变化带有革命性和根本性，主要变化有：

1.卫生间面积扩大

卫生间洁具从"三大件"（淋浴间、洗脸盆、坐便器）向"四大件"（加上净身盆）或"五大件"（加上浴缸）转变，向分室、分区布置发展。

2.卫生间功能增加

卫生间已不仅仅是洗澡及方便之处，一些酒店的卫生间通过玻璃隔断可观看卧室内电视，在卫生间听音乐则比较流行了。香港半岛酒店的冲浪浴室，面向外景的墙使用的是玻璃屏障，浴缸另一面墙上设有内嵌电视机及选台、音量控制器等，客人沐浴的同时，既可欣赏丰富的电视节目，又能鸟瞰港湾。

（1）卫生间内的梳妆台镜采取防蒸汽措施，镜子后面敷设电热丝，并增设带放大功能的小镜子，方便女士化妆及男士刮胡须。

（2）增设美发设备和体重秤。

（3）增加紧急呼救按钮、拉绳。

（4）为降低噪声，卫生间排风不采用排风扇，而采用管井集中排风。

（5）卫生间坐便器普遍采用节水型产品，可根据需要分大小水量冲洗。

（6）现代酒店卫生间还需要具有审美性，特别是高档豪华酒店。不少酒店在洗脸台、镜面、浴缸等位置陈设或配上一些特别的工艺品、装饰画、插花等，增加卫生间

的美感。

（三）更加注重节能

人类只有一个地球，节能是一个永恒的课题。客房在节能方面采取的主要措施有：

（1）将暗卫生间改为明卫生间。卫生间内侧墙改用玻璃隔断，白天可利用自然光，客人进入客房或卫生间无须开灯。

（2）客房内家具布局改变传统的模式，写字台面向窗户，客人工作时无须开台灯。

（3）走廊两侧客房门错开，保护隐私。

（4）客房地面不全铺地毯，可根据区域用不同的材料，过渡区域（入口处）和活动区域（靠窗口处）可以用硬质地面（花岗岩或地板），睡眠区域用软地面（地毯），这样既可以降低清洁费用，又能提高客房的装潢效果。

（5）走道墙边的踢脚板适当做高，以免行李推车撞到墙纸，不少酒店客房走道还设计了防撞的护墙板。

（6）卫生间内设淋浴和浴缸，当面积有限时，只设淋浴，不设浴缸；套房内设两个卫生间，客用卫生间面积相对较小，不设淋浴或浴缸，主卫生间内设淋浴和浴缸。

（四）轻装修、重装饰

客房一次性投入大，酒店不可能经常更新或改造客房，但建筑装饰材料更新快，客房装饰材料在若干年后可能显得陈旧。如何满足客人常住常新的需求呢？目前酒店业流行一种新做法：轻装修、重装饰，基础装修从简，重点在陈设装饰上下功夫。具体的做法是：在客房基础装修完成之后，利用那些易更换、易变动位置的饰物与家具，如窗帘、被套、靠垫、装饰工艺品、装饰布艺等，对客房进行二度陈设与布置。

酒店还可根据客房空间的大小、形状和客人的生活习惯、兴趣爱好、文化品位，从整体上综合规划装饰方案，体现酒店产品的品位，而不会出现千"家"一面。如果装修太陈旧或已经过时而需要改变时，也不必重新装修，更换家具就会呈现出不同的面貌，给客人新鲜感。

案例精选1-1
喜来登的"睡床之年"

（五）做足睡眠文章

有人为经济型酒店的投资战略总结了一个顺口溜："四星的床、三星的房、二星的堂、一星的墙"。这个顺口溜较好地诠释了床在客房设计中的重要性。所谓"四星的床"，是指与客人身体接触时间最长的床，其舒适度、美观程度都应该是最好的。

案例精选1-3

做足睡眠文章在经济型酒店客房产品设计中显得尤为突出。如家、7天、城市客栈、粤海之星、锦江之星、莫泰168、速8……这些经济型酒店经营的秘诀普遍是"花最少的钱满足最核心的需要"。其宗旨是让客人睡得好，住得舒服。

希尔顿"睡得香客房"

拓展阅读1-1
数字酒店

拓展阅读1-2

绿色、数字、
创新——未来
酒店的三张脸

案例精选1-2
7天酒店的大床

案例精选1-3
当服务遇上奢
华——北京瑞
吉、上海华尔
道夫与半岛

案例精选1-4
柔和的灯光

拓展阅读1-3

为什么酒店
房间要放四个
枕头

四、客房设备物品的配备

要满足客人在客房中的生活和工作需求，客房内除了要配备各种家具设备外，还应配置各种用品，通常把客房内配置的供客人使用的各种物品叫作客用物品。客用物品有以下两种分类方法：

（一）按消耗形式划分

（1）一次性消耗品，如茶叶、卫生纸、信封、沐浴液、香皂、化妆品等。这些用品是一次消耗完毕，完成一次价值补偿。

（2）多次性消耗品，如床上布草、卫生间"五巾"、水杯、酒具、饭店宣传用品、衣架等。这些用品可连续多次供客人使用，折旧要在一个时期内多次逐渐完成。

此种分类方法有利于客房部分类分项制定客房用品的消耗定额，加强客房部物资用品的控制。

（二）按供应形式划分

1.客用固定物品

客用固定物品亦称多次性消耗物品，是指客房内所配备的可供多批客人使用、正常情况下不会在短期内损坏或消耗的物品。这类物品仅供客人在住店期间使用，不能被损坏或在离店期间带走。客房固定物包括衣架、卫生间防滑垫、茶具、酒水具、服务夹，等等。

2.客用低值易耗品

客用低值易耗品亦称客房日耗品、客用消耗物品、一次性消耗品或供应品等，是指在客房内配备的供客人住店期间使用消耗，也可在离店时带走的物品。其包括一次性拖鞋、沐浴液、洗发液、梳子、针线包、茶叶、明信片等。

不同的饭店对客房供应品的范围作了不同的规定。有的豪华饭店的供应品还包括指甲刀、一次性剃须刀等。

3.宾客租借物品

这类物品一般不放在客房内，而是存放在客房服务中心，供客人临时需要而借用，如手机充电器、接线板、加床、婴儿床、应急包（客人意外遗失随身物品且身无分文时，饭店为客人提供的日常生活必需品，有衬衫、内衣、洗漱用品等，以应急之用）等供住客需要时租借。

任务实施

步骤1：将全班同学按每个小组5～6人分成学习小组，每组确定1人负责，联系当地教学实习基地中白金五星级、五星级、四星级、三星级、经济型酒店客房部各1家。

步骤2：与客房部员工及主管进行交流，明确任务要求。

步骤3：实地考察客房标准间卧室及卫生间用品的配置规格。

步骤4：根据考察结果填写表1-4"不同星级酒店标准客房用品配置单"。

表1-4　　　　　　　　　**不同星级酒店标准客房用品配置单**

酒店名称：　　　　　　　　星级：　　　　　　　学习团队：

卧室用品配置单				
放置位置	备品		日耗品	
	名称	数量	名称	数量
放置位置				
壁橱				
写字台				
服务夹内				
写字台旁				

续表

放置位置	备品		日耗品	
	名称	数量	名称	数量
写字台抽屉内				
电视机				
小酒吧				
茶几				
床头柜				
床				

续表

卫生间用品配置单				
放置位置	备品		日耗品	
	名称	数量	名称	数量
梳妆台				
恭桶旁				
浴房				

步骤 5：根据搜集的素材制作 PPT，展示不同等级酒店客房标准间物品配置的差异。

步骤 6：在教师的指导下，各组在班级进行交流讨论。

步骤 7：教师进行点评与总结。

任务评价 ◉◉◉◉

客房产品认知考核评价标准见表 1-5。

国际视野 1-1

指引酒店人成长
的大师——凯
蒙斯·威尔逊

国际视野 1-2

最齐全的各大
国际酒店集团
族谱——万豪
国际集团

项目同步测 1

表 1-5　　　　　　　　　客房产品认知考核评价标准

评价项目	评分标准	分值（分）	得分（分）
团队协作	团队分工合理，全员参与，团结协作，共同完成任务	25	
资料搜集	资料搜集充分，为完成学习任务提供翔实资料	25	
学习任务单	学习任务单内容填写完整，书写工整	25	
PPT 制作	PPT 制作精细，图文并茂，思路清晰	25	
总分		100	

项目二 客房清洁保养

◉ 项目描述

　　饭店的清洁卫生是构成饭店商品质量的重要组成部分，同时，清洁卫生程度也是客人选择一家饭店时要考虑的重要因素。因此，做好清洁卫生工作具有极其重要的意义。客房的清洁保养主要包括客房清扫的准备工作、不同房态客房的清洁整理程序与标准以及客房的杀菌消毒等。为了实现教学目标，本项目设置了客房清扫准备、走客房的清扫、其他房态整理、客房杀菌消毒四个学习任务。

◉ 学习目标

知识目标

1. 掌握客房清扫的相关规定；
2. 掌握不同季节客房清扫的顺序；
3. 掌握不同房态客房清洁整理的程序及标准；
4. 掌握客房杀菌消毒方法。

技能目标

1. 能够按照规范要求进行房务工作车的布置；
2. 能够按照客房清洁整理程序及标准打扫不同房间；
3. 能够正确使用不同消毒剂进行客房的杀菌消毒工作。

素质目标

1. 培养学生吃苦耐劳的职业精神与耐心细致的职业态度；
2. 培养学生的环保意识。

◉ 任务一　客房清扫准备

客房清扫员每天在客房服务中心签到后，需要接受主管分配的工作任务，领取客房钥匙，在客房服务间进行客房清扫前的准备工作。如果你是当班的客房服务员，请在客房清扫前进行房务工作车的布置工作。

相关知识 ◉

清洁卫生程度是客人选择饭店时要考虑的重要因素。美国旅馆基金会与宝洁公司的联合调查表明，客人初次、再次选择一家饭店时考虑的14项因素中，清洁名列第一位；而客人不再选择一家饭店时所考虑的因素中，清洁同样名列第一位。根据有关资料，客人对不同星级饭店的硬件及软件的基本要求见表2-1。

表2-1　　　　　客人对不同星级饭店硬件及软件的基本要求

星级	硬件	软件
1	卫生	爱心
2	卫生+方便	爱心+诚心
3	卫生+方便+舒适	爱心+诚心+耐心
4	卫生+方便+舒适+豪华	爱心+诚心+耐心+细心
5	卫生+方便+舒适+豪华+文化	爱心+诚心+耐心+细心+贴心

无论饭店的星级如何，客人对卫生条件的要求是一致的。所以，客房的清洁保养是客房部的主要工作。为了保证客房清洁整理的质量，提高客房清扫的工作效率，客房服务员需做好客房清扫前的各项准备工作。

一、客房清扫的有关规定

（一）例行的客房大清扫工作一般在客人不在房间时进行

客人在房间时，必须征得客人的同意后方可进行清扫，以不干扰客人的活动为准。

（二）养成进房前先思索的习惯

客房服务员在进房前，要替客人着想，不能因清洁卫生工作或其他事情干扰了客人的休息和起居。同时，还应想一想，是否还有其他事情要做，争取一次做完。这样，既不影响客人休息，也可以使服务员节省体力，减少不必要的往返路程。

（三）注意房门挂的牌子或指示灯

客房服务员在清洁、服务过程中，要注意观察所辖区域内有无挂有"请勿打扰"

职业前沿2-1

客房服务员的这只手为何刷爆了朋友圈

推荐视频2-1
请勿打扰房处理

牌或指示灯亮的房间，如有，不要敲门进房。同时，客房服务员需在楼层服务员服务单相应服务项目前的"□"内打"√"，并填写自己的姓名以及情况说明。

对"请勿打扰"房在不打扰客人的情况下要勤注意观察，经过时，声音或操作要轻，以免影响客人的休息。应做到既为客人提供安静的休息环境，又不因客人外出时忘记摘下牌子而影响客房清扫工作。如果到了下午两点，"请勿打扰"牌或指示灯还没有取消，客房服务员可按如下方法操作：

第一步，打电话到客人房间，询问是否可以进房打扫或需要什么帮助，并向客人表示歉意；

第二步，房间电话若无人接听，可以按门铃或敲门，并通报身份，若客人在房内，应主动表示歉意并说明原因，同时应注意语言的委婉；

第三步，若打电话或敲门房内均无反应，应立即向上级汇报，经同意，用钥匙开启房门，以防发生意外。

（四）养成进房前先敲门通报的习惯

饭店的每一名员工都应养成进房先敲门通报的习惯，待客人允许后，再进入房间。通常，住客房敲门通报三次，空房间敲门通报一次。

（五）在房内清扫时，必须将房门打开，门靠靠好，直至客房清扫完毕

进入房内清扫时，按照进房规范开门进房，客人暂时无人时，应用工作车将房门全部挡住，开口向着房内，防止物品丢失及闲杂人员进入客房；如客人在客房，应将工作车停放在挡住房门 1/3 靠墙处，这样既便于观察工作车上的物品，又不会使住店客人出入房间遇到障碍。

（六）讲究职业道德，尊重客人的生活习惯

（1）保持良好的精神状态，吃苦耐劳，保持应有的工作效率。

客房清扫是非常辛苦的一项工作。由于客房清洁卫生的标准差异，客房面积的大小、家具布置的繁简，各饭店清扫工作量有所不同。按国际惯例，以标准间为例，客房服务员每天的清扫工作量为：

五星级饭店：每人每天打扫 8～10 间客房；

四星级饭店：每人每天打扫 10～12 间客房；

三星级饭店：每人每天打扫 12～14 间客房；

二星级饭店：每人每天打扫 14～16 间客房；

一星级饭店：每人每天打扫 16～18 间客房。

客房熟练工做房的平均速度应达到：

空房：5 分钟/间/人；

开夜床：5 分钟/间/人；

住客房：20～25 分钟/间/人；

走客房：30～40 分钟/间/人。

（2）不得将客用布草作为清洁擦洗的用具。

在所有的布巾中，大浴巾是唯一可以用作清洁的物品，即每次将浴缸内的防滑胶

垫洗刷干净以后，用大浴巾将其裹干。

（3）不得使用或接听客房内的电话，以免发生误会或引起不必要的麻烦。

（4）不得乱动客人的物品。

（5）不得享用客房内的设备用品。

（6）不得让闲杂人员进入客房，如住客中途回房，也需礼貌查房卡。

（7）如果客人在房内，除了必要的招呼和问候外，一般不主动与客人闲谈，客人让座时，应婉言谢绝，不得在客房休息或在房内进行其他活动。

（8）注意了解客人的习惯和要求，保护客人隐私，满足客人的合理要求。

（9）完成工作后立即离开客房，不得在客房内滞留。

（10）服务人员只能使用工作电梯，走员工楼梯。

（七）例行节约、注意环保

（1）尽可能使用有利于环境保护的清洁剂和清洁用具。

（2）在保证客房清洁的前提下，尽量节约水、电及其他能源。

（3）将废纸、有机废物、金属塑料废物分类处理，回收旧报纸、易拉罐、玻璃瓶、废电池。

（4）清洁保养以保养为主，减少清洁剂对物品的损伤。

二、不同房态客房清扫要求

房间状态不同，客房的清扫要求也存在差异。客房状态及清扫要求见表2-2。

表2-2　　　　　　　　　　　客房状态及清扫要求

客房状态	英文（简称）	清扫要求
走客房	Check out（C/O）	需要彻底清扫
住客房	Occupied（OCC）	需要一般清扫
空 房	Vacant（V）	只需简单清扫
维修房	Out of Order（OOO）	一般先不清扫整理，维修完毕后再清扫
外宿房	Sleep out（S/O）	只需检查核实，必要时稍加整理
请勿打扰房	Do Not Disturb（DND）	一般不予整理，但指示灯或挂牌的时间过长时，应按照饭店规定处理
贵宾房	Very Important Person（VIP）	需要优先清扫，并要进行小整理
长住房	Long Staying Guest（LSG）	按照客人的要求或相关协议的规定清扫
请即打扫房	Make up Room（MUR）	尽快为客人清扫
准备退房	Expected Departure（E/D）	一般在退房前不要清理，但可应客人要求简单整理
未清扫房	Vacant Dirty（VD）	需要彻底清扫
已清扫房	Vacant Clean（VC）	做好检查工作，确保质量

案例精选 2-1

查验房卡的必要性

三、客房清扫顺序

客房清扫顺序的排列，既要考虑开房的先后缓急，又要满足客人的特殊要求，还要考虑加速客房周转。客房的清扫顺序见表2-3。

表2-3　　　　　　　　　　　　　客房清扫顺序表

淡季客房清扫顺序	旺季客房清扫顺序
1.挂有"Make up Room"的客房或客人口头上提出打扫要求的客房	1.走客房
2.总台急需房	2.挂有"Make up Room"的客房或客人口头上提出打扫要求的客房
3.VIP客房	3.总台急需房
4.走客房	4.VIP客房
5.普通住客房	5.普通住客房
6.空房	6.空房
7.长住房	7.长住房

四、客房清扫的准备

（一）到岗前的准备工作

1.更衣

服务员到达饭店后，按饭店规定穿好工装，戴好工号牌，整理仪表仪容，并将个人物品存放在自己的更衣柜里。

2.接受检查

更衣后到规定的地方，接受值班经理或主管的检查。目前多数饭店的做法是由一名值班经理或主管在上下班时间问候服务员，问候的同时，实际上也是在检查，这种方式更容易被员工接受。值班经理或主管对上班服务员的检查内容主要是仪表仪容和精神状态。

3.签到

值班经理或主管检查合格后，服务员即可签到，多数饭店采用机器打卡或按指纹签到的方式。

4.接受任务

服务员签到后，值班经理或主管要给每位服务员分配具体的工作任务，下达工作任务时，需让每位客房服务员明确自己的工作楼层、客房号、当日客情、房态以及特殊任务或特殊要求等。客房部通常以"客房服务员工作日报表"的形式通知员工。

5.领取工作钥匙和对讲机

客房服务员接受工作任务后，要领取工作钥匙和对讲机。工作钥匙由客房服务中心值班员统一收发保管。领取工作钥匙时，要履行签字手续，并填写"客房部钥匙领用表"，客房服务员领取工作钥匙后必须随身携带。

6.进入楼层

上述任务完成后，服务员应尽快乘坐工作电梯或通过楼梯步行到达工作岗位并立即进入工作状态。

（二）到岗后的准备工作

房务工作车和清洁工具的准备工作一般要求在前一天下班前做好，但第二天客房清扫之前还需做一次认真的检查。到岗后的准备工作包括：

1.准备客用补充用品

客房的面巾、浴巾、床单、枕套等物品日需用量很大，应该有一定数量的库存以备急需。许多饭店上述物品配备的比例是使用的床位和卫生间的3倍，即客房一套、库房一套、周转一套。另外，客房的供应品如香皂、卫生纸、杯子、擦鞋布及其他物品也存于客房部，以便随用随取。

2.整理房务工作车

房务工作车是客房服务员清扫整理房间的重要工具（见图2-1）。房务工作车整理的基本要求为：清洁整齐、物品摆放有序、贵重物品不能过于暴露、布草袋及垃圾袋要挂牢。

图2-1 房务工作车

3.准备吸尘器

吸尘器是客房清扫不可缺少的清洁工具。使用前，要检查各部件是否正常有效，各接口是否严密，有无漏电、漏气现象，如有问题要及时修好，并检查集尘袋内的灰尘是否已经倒掉。

客房服务员做好以上准备工作后，应再检查一下自己的仪容仪表，调整好心态，

业务表单2-2

客房部钥匙
领用表

经验分享2-1
房务工作车的
取消

经验分享2-1

一抹净

然后将工作车推到自己负责清洁的区域，停在走廊靠墙的一侧，以免影响客人行走，吸尘器也一并推出放好，准备开始工作。

任务实施 ● ●

步骤1：清洁工作车。在工作间将空置的工作车用半湿的抹布内外擦拭一遍。

步骤2：挂好垃圾袋和布草袋。将干净的垃圾袋和布草袋挂在挂钩上。

步骤3：放置干净布草。将干净的布草放在架上，床单、枕套放在工作车的最下格，毛巾、方巾、浴巾和地巾放在上面两格。

步骤4：放置房间用品。将房间用品整齐地摆放在工作车的顶架上。房间用品包括经过消毒的水杯、烟灰缸、文具纸张以及其他各种客用品和消耗品。

步骤5：准备好清洁桶或清洁盒。清洁桶或清洁盒里放各种清洁剂、胶皮手套、尼龙刷等清洁用具、消毒剂。注意将清洁恭桶和清洁其他设备的用具严格分开，专项专用。

步骤6：准备干净的抹布。干抹布两条、湿抹布两条、恭桶专用抹布两条、卫生间专用擦地抹布一条，有的饭店还使用百洁布、泡棉等。抹布使用时应注意：房间抹布和卫生间抹布分开、清洁恭桶抹布与清洁脸盆和浴缸的抹布分开、擦地抹布与其他抹布分开。

任务评价 ● ● ●

房务工作车布置技能考核评价标准见表2-4。

表2-4　　　　　　　　　　　房务工作车布置技能考核评价标准

考核项目	评价标准	分值(分)	得分(分)
清洁工作车	用半湿的抹布内外擦拭一遍，整洁无污迹	10	
挂好垃圾袋和布草袋	将干净的垃圾袋和布草袋挂在挂钩上，挂钩完好，有足够的支撑力	10	
放置干净布草	床单、枕套放在工作车的最下格	15	
	毛巾、方巾、浴巾和地巾放在上面两格	15	
放置房间用品	房间用品置于工作车顶架上，摆放整齐	10	
准备好清洁桶或清洁盒	清洁用具及消毒剂置于清洁桶或清洁盒内	10	
	清洁恭桶和其他设备的用具严格分开摆放	10	
准备干净抹布	干抹布两条、湿抹布两条、恭桶专用抹布两条、卫生间专用擦地抹布一条	10	
	抹布的规格、颜色等能够区分	10	
总分		100	

◉ 任务二　走客房的清扫

　　如果你是客房清扫员，刚刚接到客房服务中心的电话，1618号房间客人退房，时值旅游旺季，客房用房非常紧张，请你立即完成该客房的清扫工作。

相关知识 ◉

一、走客房查房规范

　　走客房的检查由服务中心将结账信息通知给当班服务员，相应楼层服务员接到信息后，立即进房查看，检查房间按以下顺序进行：

　　（1）检查壁橱里侧及上下层，如果保险柜上锁要报给收银员，以便询问客人是否有物品锁在其中。

　　（2）检查写字台底部、抽屉及小酒吧。

　　（3）查看沙发坐垫下面及沙发的夹缝。

　　（4）打开床头柜，查看里面是否有遗留物。

　　（5）检查床下、床单里面、枕头下及毛毯下是否夹带着客人的物品。

　　（6）检查卫生间及门后面。

　　（7）检查房间内所有的设施设备、家具、物品及墙纸有无损坏或丢失。

二、走客房清扫

（一）走客房清扫的原则

1.卧室清扫的原则

　　（1）从上到下：用抹布擦拭灰尘时按照从上到下的顺序进行擦拭。

　　（2）从里到外：地毯吸尘时按照从里到外的顺序进行。

　　（3）环形清理：擦拭灰尘、检查设备用品路线时按照环形的顺序，以免遗漏，并节省体力。

　　（4）干湿分开：擦拭不同家具设备应严格区分干湿，灯具、电视机、床头板、墙角线、金属把手等需要干擦，其余木质家具按照先湿后干的原则擦拭。

　　（5）先卧室后卫生间：先打扫卧室后打扫卫生间，以便客人外出回来有可休息的地方；从环保角度来说，也可按照先卫生间后卧室的顺序打扫，以便毛毯、床垫等床上用品能够有足够的时间通风换气，从而利于各种床上用品的维护保养。

　　（6）注意墙角：墙角是蜘蛛结网和灰尘容易积存的地方，也是客人比较关注的地

经验分享 2-3

八招让厕所干净如新，酒店人学起来

经验分享 2-2
客房清洁可以不用那么累

知识链接 2-1
清洁剂认知

知识链接 2-3

吸尘器使用时的注意事项及吸尘方式选择

微课视频 2-2

走客房卧室的清扫

方，清扫时应特别留意。

2.卫生间清扫的原则

（1）从上到下：在清洁卫生间设备物品时，应采取从上到下的方法进行。

（2）从里到外：在擦拭卫生间地面时，应采取从里到外的方法进行。

（3）先湿后干：在擦拭卫生间的镜子、金属器皿时应按先湿后干的顺序，擦后的效果应洁净、光亮。

（4）先脸盆、浴缸，后恭桶、地面：在清洁卫生间时，应按先脸盆、浴缸，后恭桶、地面的操作顺序进行。

（二）走客房清扫的基本要求

1.客房服务员接到通知后，应尽快对客房进行彻底清扫，以保证客房的正常出租。

2.进入房间后，先检查房间内是否有离店客人遗留的物品，房间的设备、家具和用品有无损坏或丢失。如发现以上情况，应立即报告领班，并进行登记。

3.撤换茶具，并进行严格的洗涤消毒。

4.对卫生间的各个部分进行严格的洗涤消毒。

5.客房清扫完后，应立即通知总台和客房服务中心，以便总台及时出租。

任务实施 ◐ ◉

一、走客房卧室的清扫流程

（一）开

（1）敲门通报。按照饭店规定的进入客房的规范开门进房，将房门完全打开，直至客房清扫完毕。

（2）登记进房时间。在"客房工作日报表"上填写开始做房的时间。

（3）插卡取电。进入走客房打扫时，应先插卡取电。

（4）观察室内情况。应注意检查有无客人的物品，如有，应及时交还。同时，还应认真检查是否有设施设备、用品损坏和丢失情况，如有，应及时报告。

（5）三分钟内将查房情况准确无误地通知到总台收银员和服务中心，并在工作本上做好记录。

（6）开窗、开窗帘。拉开窗帘，拉窗帘时应留意检查窗帘轨道及挂钩是否完好，然后将窗户打开使客房通风，如在冬季，应将空调打到最大风量。

（二）清

（1）清理烟灰缸。将烟灰缸里的烟蒂倒进指定的垃圾桶内，放在浴室内待擦。切勿将烟蒂倒进恭桶，以免堵塞。倒烟灰缸时应注意烟灰缸内有无未熄灭的烟头。

（2）清理台面和地面垃圾。用垃圾桶收集房内垃圾并将其倒入房务工作车上的垃圾袋内，清理垃圾时应注意检查抽屉内、柜底、床底及房间角落等处是否有杂物，同时还应注意将玻璃碎片等尖锐物品及废电池等对环境有污染的物品单独处理。清理垃圾时注意物品的回收和再利用。

（3）清理垃圾桶。将收集的垃圾倒进房务工作车的垃圾袋内，再将垃圾桶洗净擦干，放在指定的位置。

（三）撤

（1）撤走房内用过的桌、盘、杯、碟。

（2）撤走茶水具及用过的玻璃杯。将客人用过的茶水具、玻璃杯撤出放在房务工作车上；如果杯内有剩水，要将水倒掉。

（3）撤床单、枕套、被罩。在撤床上用品时，应注意将客人用过的床上用品逐一撤下，撤床单时不要用力过猛，同时应反复抖动床单，避免夹带客人的物品。撤床上的布草时，如有特殊污迹和破损的布草要专门处理。撤下的床单、被罩、枕套放置在房务工作车上的布草袋内，再取回同等数量的干净布草，放在椅子上。

（4）定期翻转床垫。为了延长床垫的使用寿命，应定期翻转或上下调换床垫，以避免其出现局部凹陷。

（四）做

服务员应按照饭店规定的铺床方式铺好床。

（1）将床拉离床头板。弯腰下蹲，将床拉离床头板约50厘米，并检查和整理床垫、褥垫和床裙。整理床垫时应特别留意褥垫上是否有毛发及污迹，如发现有污迹应立即更换。

（2）准备铺床。操作者站在床头中间位置，以不贴床为宜。

（3）甩单定位。

（4）包边包角。包角从床尾开始，先将床尾部位下垂的床单包进床垫下面，包右角时，左手将左侧下垂的床单拉起折角，右手掌摆成斜45度角，松开左手，使床单自然形成内斜角45度、外直角90度的样式，再用左手托起床垫，右手前臂将下垂的床单打入床垫内，从床尾将右手撤出。包左角时，方法与包右角相同，但左右手动作相反。包床头两角时，方法与包床尾两角的方法相同。包好后的四个角应式样、角度一致，四个角均匀、紧密，内斜角为45度，外直角为90度。

（5）套被罩。把棉被两角塞进被套两角并系好带固定，双手抖动使被褥均匀地装进被套中，再把外面两角系好带固定并系好被套口，被套正面朝上，大部口向内并位于床尾，平铺于床上，床头部分与床头齐，四周下垂的尺度相同，表面要平整，套好的羽绒被应四角饱满。

（6）打枕线。将床头的羽绒被翻折40cm，打好的枕线美观、平整无褶皱。

（7）套枕套整理。将枕套抖开，放在床面上，枕芯对折，右手握住枕芯两个前角，从枕套开口处送入，两手抓住袋口，边提边抖动，使枕芯全部进入枕套中，再将长出枕芯部分的枕套掖进枕芯里面，把枕套口封好。套好后的枕头四角饱满，外形平整、挺括，枕芯不外露。将套好的枕头摆放在距离床头5cm的床面居中位置上，枕套中心线与床单的中心线相互吻合，摆放时应注意枕头开口反向于床

案例精选 2-2
裹在床单里的
遥控器

职业前沿 2-2

一张床里藏了
多少秘密

推荐视频 2-5
中式铺床

头柜。

（8）将床复位。弯腰将做好的床慢慢推回，注意将床摆正，进一步整理床面，使其平整美观。

（五）擦

（六）查

知识链接 2-2
酒店毛巾动物折
叠教程大揭密

流程（五）与流程（六）同步进行，边擦边查。擦拭灰尘及检查物品时按照从上到下、环行清理的原则进行操作，以节省体力，避免遗漏。软面家具和电器不能用湿抹布擦拭，擦拭家具时要同时清点并逐项检查设备设施是否完好，若有损坏，立即报修，此外还要记住需要更换或补充的客用品。抹布要折叠使用，可将抹布折六折或八折，然后进行擦拭。这样做，一可保持抹布的清洁，延长使用时间；二可提高工作效率，使清洁对象的表面更为干净。

（1）擦拭房门。擦拭房门时应按照从上到下、从里到外的顺序进行，擦拭房门同时将窥视镜、防火通道图、"请勿打扰"牌擦拭干净，用干抹布擦亮金属把手。

（2）擦拭衣柜。擦拭衣柜时按照从里到外的顺序，用干、湿抹布擦拭并检查挂衣杆、衣挂、裤挂、鞋拔子等物品是否齐全。擦拭完毕，所有的物品要按规定摆放好。

（3）擦拭行李架。擦拭行李架时要将行李架内外包括挡板都要擦到。

（4）擦拭组合柜。用干、湿抹布按梳妆镜、抽屉、柜面、立面、梳妆凳、冰箱的顺序对其依次擦拭。

①擦拭梳妆镜时先将镜框从上到下擦拭干净，再用一块湿抹布和一块干抹布擦拭镜面。擦拭镜灯时应用干抹布。操作时，要注意安全。擦拭完毕，站在镜子侧面检查其清洁程度。

②写字台的抽屉应逐个拉开擦拭干净，同时检查洗衣袋、洗衣单及礼品袋有无短缺。

③擦拭组合柜及梳妆凳时注意对桌角和凳腿的擦拭。

④擦拭冰箱时用干抹布擦拭冰箱外壳，打开冰箱检查物品数量，应仔细检查瓶装酒水的封口及罐装饮料底部。箱底托盘定期取出，把积水倒入卫生间。

⑤擦拭台灯应用干抹布，如灯线外露，将其收好，擦拭完毕，将灯罩接缝处朝墙。

⑥检查组合柜及"服务指南"内的物品是否有破损及短缺，如有，及时补充。

（5）擦拭电视机。电视机应用干抹布擦拭屏幕、外壳和底座，擦好后按规定调好频道并检查图像、音量等是否正常，并检查遥控器使用是否正常。

（6）擦拭窗台。先用湿抹布，再用干抹布擦拭。

（7）擦拭咖啡桌。

①擦拭桌面。先用湿抹布、再用干抹布擦拭台面的脏迹，注意保持桌面的光亮。

②擦拭托盘。移开托盘里的物品，将托盘拿到卫生间里用清水冲洗，擦干后放回

原位，将托盘内的物品按规定摆放好。

（8）擦拭沙发。先掸去沙发表面的灰尘，再用抹布擦拭扶手面、沙发底腿部、靠垫后撑以及坐垫边角，要注意经常清理沙发背靠与沙发垫缝隙之间的脏物。

（9）擦拭床头板。用干抹布擦拭床头灯泡、灯罩、灯架及床头板。床头灯擦拭完毕后将灯罩接缝处朝墙，擦完床头后，注意再次整理床罩，直至美观平整。

（10）擦拭床头柜。

①检查开关。检查床头柜各种开关，如有故障，及时报修。

②擦拭床头柜。从柜面开始一直擦到底，擦过的物品要按规定摆放好。

③擦拭电话机。首先应检查是否有盲音，再用湿抹布抹去话机上的灰尘，并用酒精棉球擦拭消毒。

（11）擦拭空调调节板。

（七）添

（1）物品摆放要合理，随手可取，以方便宾客使用；

（2）店标，店名（包括品名）正面向上；

（3）物品摆放美观、舒展、不凌乱；

（4）注意摆放物品的安全性，客房用品摆放位置要适当，远离水淋，防止外包装淋湿，造成物品损坏。

（八）吸

此项工作是在卫生间清扫完毕后进行的。

（1）吸尘路线。窗前区──→组合柜附近──→床底──→床头柜附近──→过道──→房门口。

（2）吸尘要领。吸尘时，双手握紧吸管，挺起腰背，身体与握吸管的手成60度角，从里向外退着吸。

（九）关（观）

（1）关窗户。卧室清扫完毕，关好玻璃窗，拉上纱帘，纱帘下垂的皱褶要均匀美观。

（2）空调复位。将空调温度复原到规定的位置上。

（3）环视检查。服务员离开客房前要再次检查，观察房间整理后的整体效果，看是否有漏项，如有漏项应及时补做。

（4）关门。经检查确认无不妥之处，取出继电牌，轻轻关上房门。

（十）登

在"客房工作日报表"上记下完成工作的时间。

二、走客房卫生间的清扫流程

（一）开

（1）开灯、开排风，直至卫生间清扫完毕。

（2）将清洁盒（桶）置于卫生间洗脸台下靠门一侧。

微课视频2-3

走客房卫生间
的清扫

（3）将小地毯放在卫生间门口，以免卫生间地面潮湿弄脏房门口的地毯。

（二）冲

放水冲净恭桶，然后在恭桶中倒入适量的恭桶清洁剂，浸泡数分钟后再进行洗刷。注意不要将清洁剂滴在恭桶的釉面上，以免腐蚀釉面。

（三）收

（1）撤脏布草。撤走客人用过的脏布草，放进房务工作车上的布草袋内。撤脏布草时，应逐条检查是否夹带其他物品，同时注意不要将客人的物品夹带撤走。

（2）清理烟灰缸。将烟灰倒入指定的垃圾桶内，注意有无未熄灭的烟头。烟灰缸可与卧室内撤出的烟灰缸一起清洗，也可以采取替换的方式，以提高工作效率。

（3）撤走用过的玻璃杯。撤玻璃杯时，应注意杯内有无客人的物品并将杯内的水倒掉，注意不要将客人自带的杯子撤走。

（4）撤走用过的消耗品和垃圾。将用过的消耗品和纸篓内的垃圾倒入房务工作车上的大垃圾袋中。清理消耗品时要注意消耗品的回收和再利用，同时注意如有剃须刀片等尖利物品和废电池等对环境有污染的物品，要单独处理。

（四）洗

（五）擦

（1）擦拭房门。用抹布从上至下擦拭房门，同时应注意检查门板是否有脱漆或破损现象，门锁是否灵活。

（2）清洁脸盆和云台。

①用百洁布蘸适量清洁剂清洁脸盆及云台，然后用清水冲洗干净，按照先内后外的顺序抹干水迹。清洁面盆时应特别留意下水口是否有毛发及污物。

②用海绵蘸少许中性清洁剂擦拭脸盆的不锈钢件，然后用干抹布擦干擦亮。注意水龙头等金属器件不能用酸碱性清洁剂。

（3）擦拭镜面。擦拭镜面时，如镜面较脏或有特殊污迹，可以在脏处喷少许玻璃清洁剂，然后立刻用干抹布擦拭镜面使其光亮如新。

（4）擦拭服务用品。将卫生间内的毛巾架、浴巾架及托盘、电吹风、电话机等服务用品擦拭干净，同时注意检查其运转是否正常。

（5）清洁浴房。

①用百洁布蘸适量清洁剂洗刷浴房内外玻璃及墙壁，冲洗后用抹布擦干水迹。

②用干抹布将金属器件擦亮，注意不要使用干硬的抹布擦拭金属器件。

（6）清洗恭桶。

①换上专用手套，用专用清洁刷按照恭桶盖板、座板正反面、恭桶内外壁、恭桶底部的顺序依次洗刷，并用清水冲净，按照先上后下的顺序用专用抹布擦干。

②清洗恭桶时应特别注意对恭桶出水口和入水口的清洁。

（六）消

对卫生间 "三大件"用饭店指定的消毒剂喷洒消毒。消毒次序为：脸盆——→浴房——→恭桶内壁——→恭桶盖板。消毒完毕，将恭桶盖盖上，并加盖 "已消毒"封条。

（七）添

（1）补充卫生间内的各种日耗品，按规定摆放整齐。台上用品的摆放规格为：

①香皂一块，放在脸盆皂盒内，店徽字样朝上；

②口杯两个，杯口朝下，放在杯垫上；

③牙具、浴帽、梳子、口杯等均摆放在小托盘内；

④香巾纸两包，放香巾盒内，置于云石台面一侧；

⑤卫生纸一卷，放在卫生纸架上，露出部分叠成三角形，既美观，又方便实用。

（2）将干净棉织品按规定折叠、摆放。"四巾"的摆放规格为：

①面巾两条，三摺成长条形，店徽向外，并列挂在化妆台的毛巾挂杆上，面巾下沿平齐；

②小方巾两条，折叠成小方形，放在云石台面上，店徽朝上；

③地巾一条，折叠放于浴房前面的地面上，店徽字样朝外；

④浴巾两条，先三摺成长条形，然后三摺成长方形，店徽向外，并列平放在浴盆架上。

（3）供客人使用的物品要整洁完好，布巾要干净，无污渍。

推荐视频2-6
浴巾的叠放

（八）刷

用百洁布和一定比例的清洁剂洗刷卫生间地面，再用清水冲洗。因地漏处容易生长寄生虫，所以每次刷洗地面时，对地漏处应特别注意冲洗，每次至少要冲水两桶，然后再用擦拭地面的专用布按照从里向外的顺序沿墙角平行擦净整个卫生间地面。

（九）吸

抹净地面后，为了使卫生间地面不留一丝线头、毛发和残渣，还要对卫生间地面进行吸尘。吸尘时，先把吸尘器耙头上的毛刷转换开关打开，使吸尘器耙头不直接接触地面，然后才能开始操作。卫生间地面吸尘一定要保证地面干燥无水迹，以免损坏设备，造成事故。

（十）关（观）

（1）环视检查。服务员离开卫生间前要再次检查，观察卫生间整理后的整体效果，同时查看是否有漏项，如有漏项应及时补做。

（2）关灯、关排风。经检查确认无不妥之处后，关闭卫生间灯及排风。

（3）关门。将卫生间房门虚掩，取出继电牌，轻轻关上客房门。

任务评价 ◉◉◉

1.单项技能评价

中式铺床技能考核评价标准见表2-5。

酒店视角2-2

酒店客房的
重要服务环节

表2-5　　　　　　　　　　　　　中式铺床技能考核评价标准

考核项目	评价标准	分值（分）	得分（分）
仪表 仪容	（1）服装、头发整齐干净，面部修饰适度； （2）不能跑动，不能跪床； （3）操作轻松、潇洒、有节奏、不忙乱、不重复	4 3 3	
将床拉离床头板	（1）拉床并整理床垫、褥垫、床裙； （2）检查褥垫有无污迹、毛发及破损	2 2	
准备铺床	操作者站在床尾中间位置，以不贴床为宜	2	
铺床单	（1）准确、一次到位； （2）不偏离中心线； （3）床单正面向上	4 4 4	
包边包角	（1）四角成直角，平整、挺括； （2）四边紧绷、平整，不得有床单外露； （3）床面平整	4 4 4	
套被罩	被套定位： （1）一次甩被套定位成功，被套开口边位于床尾或床侧； （2）被套中线缝不偏离床垫中心线	4 3	
	套被芯： （1）将被芯四角套入被套四角； （2）四边重合饱满； （3）操作过程中被子不着地	6 6 3	
打枕线	（1）将床头处被子翻折40厘米； （2）离床头40厘米； （3）被子表面平整美观； （4）操作过程中被子不着地	4 4 4 3	
套枕芯	（1）四角饱满，外形平整、挺括； （2）枕芯不外露	5 5	
枕头摆放	（1）与床两侧距离相等； （2）枕头开口反向于中间床头柜； （3）枕头与床单中线重叠	3 4 4	
将床复位	将床推回摆正，床面平整美观	2	
总分		100	

2.综合技能评价

走客房卧室清洁服务技能考核评价标准见表2-6。

表2-6　　　　　　　**走客房卧室清洁服务技能考核评价标准**

考核项目	评价标准	分值（分）	得分（分）
准备物品、用具	备好用具，房务工作车置于房门口	2	
敲门进房	敲门通报符合进房规范	2	
拉窗帘	（1）力度适当； （2）注意检查异常情况	1 1	
清理烟缸、茶具	（1）烟灰倒入指定位置，注意有无未熄灭的烟头； （2）撤茶具时留意杯内有无客人的物品并将杯内水倒掉	3 2	
清理垃圾	（1）注重环保； （2）尖锐物品单独处理	2 2	
除尘除迹	（1）按正确操作顺序及操作要点依次给房间除尘除迹； （2）擦拭的同时注意检查设备情况	10 10	
更换茶具	方法正确，按规定摆放	10	
补充物品、用品	（1）摆放位置正确； （2）数量合理	5 5	
地毯吸尘	（1）操作方法正确； （2）符合操作顺序要求； （3）吸尘彻底，无遗漏	4 4 4	
环视检查	检查有无漏项	7	
拉窗帘、关灯、关门	（1）窗帘下垂，美观均匀； （2）操作方法正确	3 3	
整体效果	（1）操作程序合理； （2）操作动作规范	10 10	
总分		100	

走客房卫生间清洁服务技能考核评价标准见表2-7。

表2-7　　　　　　　　　　走客房卫生间清洁服务技能考核评价标准

考核项目	评价标准	分值（分）	得分（分）
备好物品、用具	备好用具，房务工作车置于房门口	1	
敲门进房	敲门通报符合进房规范	1	
开灯、开排风	直至清扫完毕	1	
冲恭桶	滴入专用清洁剂，方法正确	2	
撤去脏布草	操作方法正确、规范	5	
清理纸篓、清除垃圾	（1）方法正确，顺序得当； （2）注意环保； （3）尖锐物品单独处理	3 1 1	
清洁面盆、浴缸、恭桶	（1）按照面盆、浴缸、恭桶的顺序清洁； （2）按照先用清洁剂后用清水清洗，再用专用布擦净、擦亮的程序操作	5 10	
擦拭台面、墙面、毛巾架等	（1）注意专布专用； （2）整洁、干净，符合卫生间清洁要求	2 3	
擦拭镜面	（1）使用专用清洁剂擦拭镜面，操作方法正确； （2）使用专用布擦干、擦亮镜面	3 2	
消毒	（1）用专用消毒剂消毒； （2）消毒顺序正确	2 3	
补充客用品	（1）按标准配置棉织品并摆放规范； （2）配置各种一次性用品并摆放规范	10 10	
清洁地面	（1）按要求刷洗、擦干卫生间地面并进行吸尘； （2）操作方法正确、规范	5 5	
检查、关灯、掩门	（1）环视检查无漏项； （2）卫生间房门半掩	3 2	
整体效果	（1）操作程序合理； （2）操作动作规范	10 10	
总分		100	

◉ 任务三 其他房态整理

推荐视频 2-7
清洁房间流程

推荐视频 2-8
清洁卫生间流程

推荐视频 2-9
客房毛巾折叠

经验分享 2-4

任务导入

　　如果你是客房清扫员，根据主管刘小姐的分配，你今天晚上的工作任务是为 18 层 A 区的 6 个房间提供开夜床服务，做好客房清扫的准备工作后，请你按照划分的区域在规定时间内完成今天的清扫任务。

相关知识 ◉

一、住客房的清扫

　　住客房的清扫程序大致与走客房相同，但应注意以下几点：

　　（1）进入客房前要先敲门或按门铃，房内无人方可进入；房内若有人应声，则应主动征求意见，得到允许后方可进房。

　　（2）如果客人暂时不同意清理客房，则将客房号码和客人要求清扫的时间写在工作表上。

　　（3）清扫时对客人的文件、杂志、书报稍加整理，但不能弄错位置，更不能翻看。

　　（4）撤杯具时应认真检查杯内有无客人的假牙、隐型眼镜等物品，同时注意不要将客人自己带的杯具撤掉。

去除客房异味的
二十个小妙招
案例精选 2-2

给客房拍照

　　（5）除放在纸篓里的东西外，即使是放在地上的物品也只能替客人做简单的整理，千万不要自行处理。

　　（6）客人放在床上或搭在椅子上的衣服，如不整齐，可挂到衣柜里，睡衣、内衣也要挂好或叠好放在床上。清扫女宾客的房间更需要小心，不要轻易动其衣物。

　　（7）擦壁柜时，只擦表面卫生即可，注意不要将客人的衣物弄乱、弄脏。

　　（8）擦拭行李架时，一般不要挪动客人的行李，只擦去浮灰即可。

　　（9）女性用的化妆品，可稍加整理，但不要挪动位置，即使化妆品用完了，也不得将空瓶或纸盒扔掉。

　　（10）要特别注意不要随意触摸客人的照相机、手提电脑和钱包等物品。

　　（11）电热水瓶应每天冲洗，以免产生水垢。

　　（12）房间有客人时，可将空调开到中档或遵从客人意见，无人时可开到低档。

　　（13）房间整理完毕，客人在房间时，要向客人表示谢意，然后退后一步，再转身离开房间，轻轻将房门关上。

案例精选 2-3
客人的假牙不
见了
案例精选 2-3

重要的便笺

推荐视频 2-10
酒店客房电热
水壶清洁操作

拓展阅读 2-1

以宾客的视线
来清洁客房

二、空房间的清扫

空房的闲置会造成客房卫生质量的下降，所以必须每天进行检查并做简单的清理，以保持其良好的状况，随时能住进新客人。

空房间清扫的主要内容有：擦拭家具、设备；检查房间用品是否齐备；卫生间水龙头、恭桶、浴房放水。空房间清扫的程序与标准如下：

（1）每天进房开窗、开空调，通风换气，检查有无异味。

（2）用干抹布擦拭家具、设备及各种物品上的浮灰。

（3）如果房间连续几天为空房间，应每隔2~3天吸尘一次，以保证地毯的清洁。

（4）用半湿抹布擦拭云台、浴缸边、镜子边，最后擦恭桶及地面。

（5）每天将脸盆、浴房、恭桶的冷热水分别放流1分钟左右，以保证水质的洁净。

（6）卫生间的毛巾时间久了会失去其弹性和柔软度，如不符合要求，须在客人入住前更换。

三、小整理

为了使客房始终处于干净整洁的状态，体现饭店的服务水准和对VIP客人的礼遇规格，在一些饭店里住客房除了每天一次的全面清洁整理外，还提供临时的小整理服务，即住客每次外出后，客房服务员都要对其客房进行简单的整理。

整理客人午睡后的床面，必要时补充茶叶、热水等用品，使客房恢复原状。有的饭店还规定对有午睡习惯的客人，在其去餐厅用餐时迅速给客人开床，以便客人用餐后回来午休。小整理服务程序与标准如下：

（1）根据"住客房的进房程序"进入客房。

（2）拉开窗帘，重新铺好客人午睡过的床。

（3）清理桌面、烟灰缸、纸篓和地面杂物，注意有无未熄灭的烟头。对房间进行简单整理，视情况抹去浮灰，使之清爽整洁。整理时，不得翻看、移动或抛弃客人的私人物品并补全备品。

（4）清理垃圾，除尘除渍，更换用过的杯具、补充茶叶、增添冷热水和其他物品。

（5）检查房内小酒吧物品的消耗情况。如有消耗，立即报补。

（6）整理布草：整理客人用过的卫生间棉织品。

（7）清洁卫生间台面，补全备品：清洗并擦干浴房、面盆、恭桶，擦净、擦亮镜子并补全备品及棉织品。

（8）清洁卫生间地面：擦净卫生间地面水迹、污渍。

（9）环视检查，关灯、关门：环视房间，看有无遗漏的项目，关灯、关门。

（10）登记：填写"服务员工作日志"。

四、开夜床

开夜床服务又叫"做夜床"或"晚间服务"，就是对住客房进行晚间寝前整理，是一种高雅而亲切的对客服务形式。

（一）开夜床服务的意义

开夜床服务包括做夜床、房间整理和卫生间整理三项内容，意义主要有：

（1）做夜床方便客人休息；

（2）整理环境，使客人感到舒适、温馨；

（3）表示对客人欢迎的一种礼遇。

可以了解客人喜好，根据实际情况做有创意的夜床（见图2-2）。

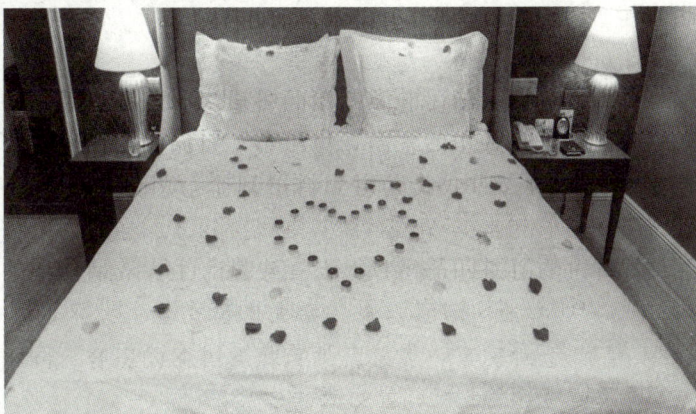

图2-2 创意夜床

（二）开夜床的基本要求

（1）双床房住一人时，以床头柜为准，如果住一位女宾开靠近浴室的一张床，折角应朝窗户（见图2-3）；

（2）双床房住一人时，以床头柜为准，如果住一位男宾则开靠近窗前区的一张床，折角应朝向卫生间（见图2-4）；

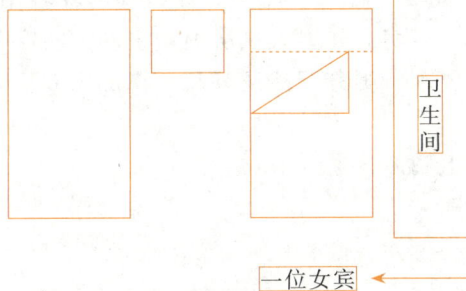

图2-3 住一位女宾开床示意图　　　图2-4 住一位男宾开床示意图

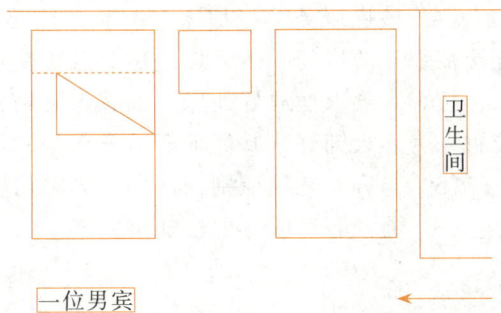

（3）双床房住两位同性客人时，则朝同一方向开夜床（见图2-5）；

（4）双床房为夫妻二人同住时，则对开夜床（见图2-6）。

案例精选2-4
四季酒店——卓越服务从"夜床"开启

拓展阅读2-2
夜床服务——令客人惊喜的十张王牌

酒店视角2-3
开夜床，可不仅仅是整理被子、摆放拖鞋那么简单

案例精选2-5
开了另一张床

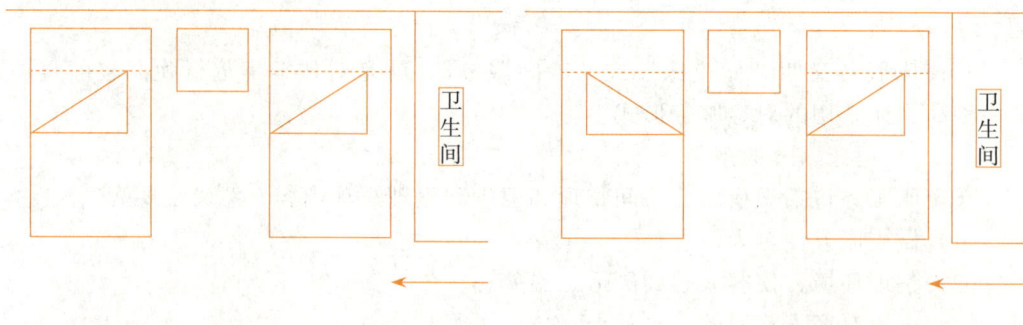

图2-5　住两位同性客人开床示意图　　　　图2-6　夫妻二人同住开床示意图

五、加床

（一）加床服务的相关规定

（1）客人向楼层服务员提出加床服务要求，客房部服务员应礼貌地请客人到总台办理有关手续，不可随意答应客人的要求，更不得私自向客人提供加床服务。

（2）加床的同时，还须为客人增加一套客房棉织品、杯具、茶叶及卫生间日耗品。

（3）加床按标准房价的20%~25%收费。

（4）按饭店规定，凡超过14岁的孩子与成年人同住一间双人房，与服务中心（或客房部）联系，看可否加床，若可以，则要填写加床单，请客人签名，分送加床单至客房、财务、车组等部门留底。

（二）加床服务标准

（1）加床服务必须得到总台的通知或认可，房务中心接到总台加床通知后，做好记录并通知楼层服务员。

（2）若客人直接向楼层服务员提出加床服务要求，应先向客人说明收费标准，然后与总台联系为客人办理有关手续，不得私自向客人提供加床服务。

（3）楼层服务员接到加床通知后，立即在工作单上做记录。

（4）楼层服务员将加床与配套的被芯、被罩、枕头、床单、床褥和一套客用品，推至需加床的房门一侧，按进房服务规范进入客房。如客人在房内，主动询问客人要求，按客人要求摆放好加床。如客人无特别要求，则移开沙发茶几，将加床放于墙角位置，为客人铺好床并保证舒适安全。

（5）与客人礼貌道别，面向客人离房关上门。

（6）通知客房服务中心加床完毕。

任务实施 ◎ ◉

步骤1：进入客房

按进房程序进房，填写进房时间。停好工作车，将房门完全打开，直至客房整理完毕。

步骤2：整理卧室

（1）清理垃圾和清洁烟灰缸。首先将烟灰缸里的烟灰等杂物倒掉后洗净并按规定放好，然后用垃圾桶收集台面和地面的垃圾并倒入清洁车的垃圾袋内，将垃圾桶洗净擦干，放回规定位置。

（2）更换茶杯。将客人用过的杯具撤出，如有用膳餐具应一并撤出。

（3）除尘除渍。用抹布将卧室台面的污迹、水渍抹干净，同时将家具、物品摆放整齐并注意将客人的物品恢复至原来的位置。

步骤3：开夜床

（1）将靠近床头一边的棉被向外折成30度角或45度角，整理好床面开口处，将剩余部分塞入床垫下，以方便客人就寝。

（2）打开床头灯。

（3）拍松枕头，将枕头的角位拉好并将其摆在床头中间，如饭店提供睡衣应叠好放在枕头上。

步骤4：补充房间用品

（1）按饭店规定摆放鲜花、晚安卡、早餐牌或小礼品等。

（2）如有加床，在这时打开整理好。

步骤5：整理卫生间

（1）先冲洗恭桶，恭桶不脏时仅冲水即可。

（2）清洁客人用过的浴缸、面盆及台面、恭桶，将客人使用过的布草、杯具重新整理好，VIP房间则重新更换，并按规定摆放整齐。

（3）用专用擦地抹布擦净地面。

（4）把地巾铺在浴房前的地面上。

（5）如有加床，增添一份客用品。

（6）卫生间清理完毕环视检查后将门虚掩。

步骤6：拉上遮光窗帘

回到卧室拉上遮光窗帘，并注意检查有无掉钩、脱道现象，窗帘应拉严至窗户居中位置，下垂皱褶要均匀美观。

步骤7：调节空调温度，保留夜灯和床头灯

按规定将空调温度调节好，除夜灯和床头灯外，关掉其余灯具。

步骤8：检查、关门

退出房间前，应再检查一遍，确认无不妥之处，取出继电牌，将房门关上并锁好。

步骤9：填写"晚间服务记录"。

任务评价 ◎◎◎

开夜床服务技能考核评价标准见表2-8。

表2-8 　　　　　　　　　开夜床服务技能考核评价标准

评价项目	评价标准	分值（分）	得分（分）
进入客房	备好用具，服务车置于房门口	5	
	敲门通报符合进房规范	5	
	开灯，拉窗帘	5	
整理卧室	倒烟灰缸、清洁卫生、清除垃圾按规范要求操作	5	
	清理茶具，增添茶叶袋	5	
开夜床	开夜床方法正确	15	
	床罩折叠、摆放整齐	5	
	拖鞋放置在开床折角处的地面上	5	
整理卫生间	简单清洗面盆、浴缸和恭桶，方法正确	5	
	更换或整理毛巾	5	
	补充卫生用品，摆放整齐，符合要求	5	
	地巾位置摆放正确	5	
	拉出浴帘至1/3处，浴帘下摆放入浴缸内（或将地巾折叠摆放在浴房前的地面上）	5	
留灯、退房	保留夜灯及床头灯	5	
	退出房间，填写"晚间服务记录"	5	
整体效果	操作程序合理	5	
	操作动作规范	10	
总分		100	

◉ 任务四　客房杀菌消毒

任务导入

　　如果你是客房清扫员，今天负责打扫的区域为18楼A区，客房清扫任务完成后，请你对从房间撤出的杯具使用"八四"消毒液进行清洗消毒。

相关知识 ◉

　　消毒工作是客房部清洁卫生工作的一项重要内容，是预防各种疾病、保证宾客健康的重要措施。在客房消毒工作中，每个服务人员都必须加强责任心，明确消毒的目的，了解基本原理，熟悉常用的消毒方法和操作程序。

一、客房消毒的要求

（一）卧室

卧室应定期进行预防性消毒，包括每天的通风换气、日光照射以及每星期进行一次紫外线或其他化学消毒剂灭菌和灭虫害，以保持房间的卫生，预防传染病的传播。

（二）卫生间

卫生间的设备、用具易被病菌污染，因此，卫生间必须做到天天彻底清扫，定期消毒，经常保持清洁。

（1）每换一位客人就必须进行一次严格消毒。

（2）每周对地面喷洒杀虫剂一次，尤其注意对地漏处的喷洒。

（三）茶水杯、酒具

（1）走客房的杯具必须统一撤换，进行严格的洗涤消毒。

（2）住客房用过的杯具每天都必须更换，统一送杯具洗涤室进行洗涤消毒。

（3）楼层应配备消毒设备和用具。

（四）客房工作人员

（1）严格实行上下班换工作服制度，让工作服起到"隔离层"的作用。

（2）清洁卫生间时，应戴好胶皮手套。

（3）每天下班清洁双手，并用消毒剂对双手进行消毒。

（4）定期检查身体，防止疾病传染。

二、常见的消毒方法

消毒方法很多，大致可分为物理消毒法、化学消毒法和生物消毒法三大类。饭店一般常用通风与日照来消毒，以及物理消毒法和化学消毒法。

（一）通风与日照

1.室外日光消毒

利用阳光中的紫外线，可以杀死一些病菌。所以，定期翻晒床垫、床罩、被褥、毛毯、枕芯，既可起到消毒作用，又可使其松软舒适。

2.室内采光

室内采光是指阳光通过门窗照射到地面，以此杀死病菌。一般冬季有3小时的日照时间，夏季有2小时的日照时间，即可杀死空气中大部分致病微生物。

3.通风

通风不但可以改变室内空气环境，而且可以防止病菌和螨虫等孳生物，因此要注意改善客房的通风和空调效果，使之保持良好的空气环境。

使用空调应注意定期更换空调的滤膜，防止细菌的孳生繁殖。因为适宜的湿度和温度，会使一些致病的微生物在空调内繁殖生长。

（二）物理消毒法

1.高温消毒

高温消毒可分为煮沸消毒与蒸汽消毒两种。其原理是在高温中，菌体内的蛋白质凝固致使其死亡。

（1）煮沸消毒法。此法适用于瓷器，但不适用于玻璃器皿。

（2）蒸汽消毒法。此法适用于各种茶水具、酒具及餐具的消毒。

2.干热消毒法

干热消毒法主要是通过氯化作用，将微生物细胞原生质破坏，致使其死亡的消毒方法。

（1）干烤法，多采用红外线照射灭菌，目前客房楼层常用的消毒柜多属此类。

（2）紫外线消毒法。此法可用于卫生间的空气消毒。

（三）化学消毒法

化学消毒剂能使微生物菌体内的蛋白质变性，干扰微生物的新陈代谢，抑制其快速繁殖以及溶菌。

1.浸泡消毒法

浸泡消毒法一般适合于杯具的消毒。使用浸泡消毒法，必须先把化学消毒剂溶解，同时严格按比例调制好，才能发挥效用。如果浓度过低，达不到消毒的目的；浓度过高则易留下余毒，伤害人体。

常用的化学消毒剂溶液有以下几种：

（1）氯亚明：配制浓度为3‰，配好的溶液只能使用一天。其对金属器皿有褪色和腐蚀作用。

（2）漂白粉：配制浓度为3‰，搅拌均匀后使用。

（3）高锰酸钾：配制浓度为1∶2 000水溶液。水溶液为紫红色，如果溶液变成黄褐色，则应更换新液。其可用于杯具和水果消毒。

（4）"八四"消毒液：配制浓度为0.2%~0.5%水溶液。能快速杀死甲、乙型肝炎病毒、艾滋病毒、脊髓炎病毒和细菌牙细胞等。

（5）TC-101：配制浓度为0.2%~0.5%水溶液（每千克水放2片TC-101），须浸泡15~20分钟。

2.擦拭消毒法

用药物的水溶液，擦拭客房内的设备和家具，以达到消毒的目的。

（1）卧室。服务员在对客房卧室进行定期消毒时，可用化学消毒溶液进行擦拭消病毒，此方法是用10%浓度的石碳酸水溶液或2%浓度的来苏水溶液擦拭房间内的家具设备。

（2）卫生间。服务员打扫完走客房的卫生间后，应对其进行消毒。可采用化学消毒溶液进行擦拭消毒，即用2%~3%浓度的来苏水或"八四"消毒液擦拭卫生间洁具。消毒完毕，要紧闭门窗2小时，然后进行通风。

对卧室和卫生间消毒，用的较多的是化学消毒剂的消毒方法。化学消毒剂对皮肤有一定的腐蚀作用，在进行消毒时，应注意采取保护措施，如有接触，用清水冲洗即可。

3.喷洒消毒法

为了避免化学消毒剂对人体肌肤的损伤，可采用喷洒的方法进行消毒。但应注意禁止将漂白粉和酸性清洁剂同时使用，以免发生氯气中毒。喷洒消毒宜采用快干型消毒剂。

在进行喷洒消毒法对客房消毒时，用浓度为1%~5%的漂白粉澄清液或石碳酸溶液，对卧室的死角和卫生间进行喷洒。

任务实施 ◉◉

步骤1：清理杯具

（1）将客房撤出的杯具统一收取到消毒间进行清洗消毒；

（2）将杯具中剩余的饮料、茶羹等残渣倒入垃圾桶内。

步骤2：清洁杯具

将杯具内的残留物沥出，倒入垃圾桶内；用清水冲洗杯具，根据杯具脏污情况，可加适量洗涤剂洗涤，用专用百洁布、洗涤灵，将杯具、茶具放在去污池内进行刷洗。

步骤3：杯具消毒

（1）采用化学消毒法

①浸泡：把洗刷干净的杯具、茶具，放在配有浓度比例为1∶250的"八四"消毒液的水溶液内，使消毒水溶液能淹没清洗的杯具、茶具，进行浸泡消毒5~10分钟即可；

②冲洗：戴好胶皮手套，将浸泡消毒后的杯具、茶具在过水池中用清水漂洗，去除残留的消毒液，将冲洗干净的茶具、杯具杯口朝下摆放在铺有消毒衬垫的托盘中，控干水分；

③擦拭：用消毒布垫手，按同一个方向旋转擦拭，边擦边看，将杯具擦干、擦亮后，放置于茶具柜中，茶具柜每天应用3%浓度的氯胺T擦拭，并更换垫巾。

（2）采用物理消毒法

①将冲洗干净的茶具、杯具杯口朝下摆放在铺有消毒衬垫的托盘中，把水分控干；

②将控干水分的茶具、杯具分类逐一放入消毒柜中，杯口朝下摆放整齐（注意分类摆放），打开电源，消毒15~20分钟后即可停止，将标有"已消毒"的杯套罩起口杯，倒置杯口存放（不能用手触摸消毒后的杯具，避免二次污染）；

③消毒完毕，切断电源。

步骤4：存放

在消毒记录上做好登记，记录消毒的时间和消毒人姓名，将已消毒过的杯具放于保洁柜内备用，保洁柜各隔层需垫上消毒过的干净垫布，垫布每天一换，对保洁柜定期进行清洗消毒。

步骤5：登记

在消毒记录表上做好登记，记录消毒时间和操作者姓名。

任务评价

客房杯具的消毒评价标准见表2-9。

表2-9　　　　　客房杯具的消毒评价标准

评价项目	评价标准	分值（分）	得分（分）
准备工作	在洗涤盆或茶水间的洗涤槽内注满清水	5	
	按一定比例兑入消毒剂，为泡洗杯具做准备	10	
清洁杯具	将杯具内的残留物沥出，倒入垃圾桶内	10	
	用清水冲洗杯具	10	
	根据杯具脏污情况，可加适量洗涤剂洗涤	10	
杯具消毒	将杯具浸泡在准备好的消毒液中5~10分钟	10	
	戴好胶皮手套，将浸泡消毒后的杯具用清水冲洗干净	10	
	杯口朝下摆放在铺有消毒衬垫的托盘中，把水分控干	10	
	用专用抹布擦净杯具	10	
杯具存放	取出已消毒茶杯、口杯，放到封闭的保洁柜里备用	10	
消毒登记	在消毒记录表上做好登记，记录消毒时间和操作者姓名	5	
总分		100	

项目三　对客服务技能

◉ 项目描述

　　客房的对客服务就是在向客人提供客房这一有形产品的基础上，有针对性地向客人提供种类齐全、贴心高效的服务，以满足宾客入住过程中各种合理的物质及精神需要，使他们真正获得宾至如归之感。因此，客房服务人员应熟练地掌握对客服务技能和技巧，在研究宾客的心理活动规律的基础上，向客人提供有效的个性化服务，使客房服务达到高质量、高水平。为了达到目标，本项目设置了客房常规服务、客房专项服务、特殊情况处理三个学习任务。

知识目标　1.熟练掌握各种常规性服务的对客服务规范；
2.掌握各种针对性服务的服务规范；
3.掌握客房服务中各种特殊情况的处理方法。

技能目标　1.能够按照对客服务规范程序与标准进行对客服务；
2.能够根据不同类型客人的特点为客人提供针对性服务；
3.能够灵活处理客房服务中的常见突发事件。

素质目标　1.培养耐心细致的职业习惯；
2.培养学生具备较好的职业亲和力；
3.培养分析和解决问题的能力。

● 任务一　客房常规服务

某酒店1618号房间的住客王女士致电客房服务中心，想要租借一套烫衣板和电熨斗。如果你是值班的客房服务员，请完成对该房间住客王女士的租借物品项目，内容包括将物品送至客房、客人使用完毕收回租借物品、拿回工作间清洁并消毒租借物品。

相关知识 ◉

一、客房服务项目设计的原则

客房服务是酒店服务的重要组成部分，在很大程度上体现了酒店的管理水平。客房服务是否周到、方便、有效，将直接影响顾客对酒店的评价。但是客房服务并不是越多越好、越高档越好，而是应该综合考虑酒店硬件环境、人员素质、酒店档次等影响服务内容的因素，实事求是地进行服务的设计与组织，并遵循以下三个原则：

（一）符合顾客需求，符合国际惯例

及时准确地了解顾客需求，设计能够满足顾客需求的客房服务。例如，在设计客房服务项目之前，可通过分发调查问卷、了解其他竞争酒店所提供的服务、与顾客交流等方法，对酒店所针对的主要目标市场的需求做一个深入、细致的了解，进行分析后，根据顾客的需求来设立服务项目。

（二）符合酒店等级要求，符合国家及行业标准

根据酒店的硬件条件、酒店的价格等，适当地设计与酒店整体条件相适应的客房服务。不同档次的酒店，所投入的成本、向顾客收取的价格都是不同的，所以其服务项目的数量与规格也应有所区别。酒店在设计客房服务时应遵循"适度"的原则。

（三）服务项目要不断改进

客房服务项目的设计并不是一次成型的，而是一个不断更新、不断改进的过程。在酒店的经营过程中，客房管理人员应根据顾客对现有服务内容的满意程度、顾客最新的服务需求、服务员从实践中得到的意见与建议、酒店设施的改进、竞争酒店所推出的新服务项目、竞争环境的变化等因素进行相应的增补与修改。

二、客房常规服务项目

（一）迎客准备

迎客的准备工作是接待服务过程的第一个环节，又是其他环节顺利进行的基础环节，准备工作应充分、周密。

名家观点3-1

用心，是酒店服务最好的质感

酒店视角3-1

酒店服务三大随想

拓展阅读3-1
客房服务礼仪

1.了解情况

客房部接到客人开房通知单后，要详细了解本楼层客人的情况，做到情况明、任务清。具体内容包括"八知三了解"：

（1）"八知"指的是：

①知时间；②知人数；③知国籍；④知身份；⑤知接待单位、客人生活标准要求；⑥知收费办法；⑦知健康状况；⑧知活动日程安排。

（2）"三了解"指的是：

①了解客人的风俗习惯；②了解客人的生活特点；③了解客人的宗教信仰。

2.为客人准备好各种消耗用品

根据客人的习惯、生活特点、接待规格调整家具设备，铺好床，备冰水、水杯、茶叶、冷水具及其他生活用品和卫生用品，补充冰箱饮料。

VIP房，准备相应的欢迎信、鲜花、水果、洗手盅、果盒、水果、糕点、总经理名片、礼品卡。除此之外，还要给家具上蜡、金属上光、地面除尘除渍，清新室内空气。

客人抵达前按照领班（主管、部门经理）→大堂副理的顺序逐级检查房间。

3.检查设备和用品

（1）设备损坏及时报修；

（2）前一天为空房的要放水；

（3）检查物品是否齐全；

（4）将触犯客人宗教忌讳的用品及时撤出；

（5）按照饭店规定调节好室温；

（6）晚间到达开好夜床。

（二）洗衣服务

洗衣服务是二星级以上的饭店设立的对客服务项目，旨在满足商务客人和因公长住的单身客人的服务需求。洗衣服务按照洗涤方式可分为水洗、干洗和熨烫三种；按照送洗方式可分为即日回洗衣服务（即上午交洗、晚上送回或下午交洗、次日送回，通常以10：00—19：00时为限）和快洗（即不超过4小时，但要加收50%加急费）两种。

1.收取客衣服务规范

（1）客房内均配有洗衣袋及洗衣单，洗衣单分为干洗衣/净烫衣单和湿洗衣单。

（2）客人要洗衣物时，通常应电话通知或将要洗的衣物装入洗衣袋内挂在门锁上，客房服务员发现后及时收取；客房服务员每天按规定时间进房检查客房时，应留意房内有无客人要洗的衣物袋，如有应及时收取。

2.送洗客衣服务规范

在送洗客衣时，应按照如下要求进行操作：

酒店视角3-2
对客服务的四不准则

宾客体验3-1
酒店人，这样的细节你做到了吗

宾客体验3-2
十个酒店细节安排　见服务品质

微课视频3-1
洗衣服务

业务表单3-1
干洗衣/净烫衣单

业务表单3-2
湿洗衣单

（1）认真核对。

登记客衣前，按照客人填写的洗衣单上的各种衣物认真分类、清点、核实，认真核对衣物名称、件数，确保准确无误。

（2）认真检查。

清点客衣时，应对照洗衣单上的内容进行清点，同时要注明衣物的颜色等明显特征及件数。

①检查衣物是否有质量问题。

检查衣物是否有损坏，纽扣有无松动或脱落现象，有无污渍、褪色或衣物材质不易洗涤等问题，以免洗后和客人发生不必要的纠纷，尤其是女宾的高级服装更应注意。在清点过程中如发现质量问题，如客人不在房间，一般的衣物可以在洗衣单上注明，待客人回房后再向客人讲明，高档服装必须征求客人意见后根据客人的意见进行清洗。

②检查衣物口袋内是否有钱和物。

很多客人喜欢在外衣的内口袋里装钱、护照、机票及信用卡等物品，所以应留意检查衣服口袋内是否已清空，没清空的物品要及时返还客人，如客人不在房间，要交给领班，由专人负责保管，并写清钱、物的数量、名称及房间号。交还客人时应向客人讲明情况，并请客人当面核实签收。

（3）认真登记。

登记客衣时，要把房间号、件数、客人对洗衣服务的要求等填写清楚、准确。具体要求如下：

①房间号要写准。

登记时要看清客人洗衣单上的房间号；客人送出客衣时，要问明客人的房间号并及时与洗衣单上的房间号核对；填写洗衣单时，房间号的数字要写清楚，不要连写或草写；客人填写的洗衣单，如果房间号不清，不要猜测，可与洗衣袋上的房间号核对。

②件数要写准。

如果洗衣袋为透明度较差的厚布洗衣袋，客衣取出后，应检查袋内是否留有小件衣物；登记、清点时要逐份进行，不要把几份客衣同时交叉登记、清点，以免混乱；登记时要注明"双""件"等数量词；客衣如附带其他小件物品，要在洗衣单上注明颜色、形状、数量。

③客人的要求要写准。

客人有特殊要求的，应按规定做好标记。如客人不在房间，留下字条让服务员代填写洗衣单，服务员代填洗衣单后应将客人字条附在洗衣单上；如客人在房间内并委托服务员代填写洗衣单，服务员应问明清洗要求后再帮客人填写，并请客人签名确认。

3.分送客衣服务规范

（1）接收客衣。

①认真清点当日洗衣房送交洗好的客衣的总份数、件数是否准确。

②检查客衣账单上的房间号是否是本楼层的。

③客房服务员在签收时，要注意洗衣单上的数量与客衣总份数是否一致。

④发现客衣短缺、损坏，应当面向洗衣部人员提出，商定处理方案。

⑤发现洗好的客衣包装不符合要求，要向洗衣部人员提出，予以改装。

⑥烫好的客衣要挂在衣架上，不要折叠摆放。

⑦检查衣服的各种装饰是否齐全。

（2）分送客衣返客房。

①18：00点前客衣送至客人房间，快洗4小时内送还。

②按楼层房间号，准确无误地送还客衣。

③对于出示"请勿打扰"及双锁房的客人，客衣服务员不可打扰，要把客衣交给客房服务中心服务员，并从门下放入"衣服已洗好"的说明卡，并注意记下客人房间号。

④送衣车内客衣包按楼层和房间号顺序摆放整齐，不超载。将挂件有序地挂到车上。

⑤按房间号把客衣送入房间，需用衣架挂起的衣服放进壁橱里，将客衣放在桌上或床上，再次核对送进的衣物是否与房间号相符，件数是否正确。

⑥若客人在房间应主动问候客人，说明来意，向客人讲明件数、金额，并请客人当面检查质量、核对数量，最后礼貌地与客人道别。

⑦填写"客衣送衣记录表"。

（三）客房小酒吧服务

客房小酒吧的配备是文化和旅游部对三星级以上饭店的要求，为方便客人在房间享用酒水饮料，同时增加饭店客房收入，三星级以上饭店客房内一般要设微型酒吧（包括小冰箱，见图3-1），提供适量软、硬饮料和干果。

图3-1　客房小酒吧

1.准备好客房小酒吧物品

（1）饮料及佐酒食品的配备。

按规定，配备的软饮料要有5~8种，硬饮料有3~5种，同时还应配备佐酒小食品。

（2）服务用具与用品的配备。

提供与酒水、饮料配套的酒杯、水杯、开瓶器、调酒棒、纸巾等用具用品，由客人自由取用。

（3）账单的配备。

为了便于管理，吧台上应放置账单，账单多采用无碳复写纸，一式三联，第一联和第二联送总台收银处，其中一联作为记账结账凭证，另一联在结账时交给客人；第三联供客房部申领和统计用。账单上应注明各项饮料食品的储存数量和单价，客人消费后填写耗用数量并请客人签名。

业务表单3-3

客房小酒吧账单

2. 检查客房小酒吧

（1）每天上午由专人检查住客房间内小酒吧的消耗情况，填写"小酒吧日消耗单"，并交总台收银处。

（2）走客房在宾客离开房间后，立即检查小酒吧饮品使用情况，用电话通知总台收银处，并及时补充饮料，将其恢复正常状态。

（3）在宾客离店结账时，总台收银员应询问宾客是否饮用了小酒吧的饮料，也可以用电话通知楼层服务员检查小酒吧。

业务表单3-4

小酒吧日消耗单

（4）团队宾客结账需要客房部和团队联络员密切配合。在团队离店前半小时，客房部负责对所有团队宾客房间的小酒吧进行核点，将消费的饮料数分别填在各房间小酒吧的点算单上，并及时送总台收银处。团队结账时，由全陪或领队协助收银员分别向个人收取费用。

3. 补充客房小酒吧饮品

（1）楼层负责饮料补充。

①客房服务员在每天上午清扫房间卫生时，清点冰箱内的各种饮料。走客房在客人离房后要迅速进入房间，检查冰箱内酒水饮料情况，如有饮用，及时通知收银处。

案例精选3-2

金蝉脱壳

②查阅客人填写的饮料单，检查数量是否相符，核对冰箱内的酒水饮料时要认真，最好逐一核对，要特别注意瓶盖封口和罐装饮料底部，防止客人"偷龙转凤"。

③核对无误后，将饮料单送到客房服务中心或酒水中心，通过电脑对其记账，（也有的饭店将饮料单直接送到收银处记账）。结账后，用过的杯子等用品应及时更换，随时放上新账单。

④添加冰箱内的饮料，领取的各种酒水饮料要检查外包装有无问题，并将其擦干净后再送入客房。

⑤冰箱内的酒水饮料少了，但客人表示没有饮用，这种情况时有发生。如有这种情况应及时向上级汇报。

（2）专人负责饮料补充。

每天在指定时间内由领班统计，填写楼层饮料日报表，并根据楼层饮料消耗情况及时补领。有些饭店设专职酒水员，专职负责客房酒水，即负责饮料的检查、送单、领取、补充、报损等工作。

（四）擦鞋服务

擦鞋服务是文化和旅游部规定的三星级以上的饭店须向客人提供的一项免费服务。客房服务员通常在两种情况下为客人擦鞋：一是客人提出要求；二是发现客人鞋脏时，尤其是雨雪天气，主动为客人提供擦鞋服务。擦鞋服务的规范如下：

（1）房间内均备有鞋篮（见图3-2），客人将要擦的鞋放在鞋篮内或电话通知，或放在房间的明显处，客房服务员在接到有关擦鞋服务的要求后，在饭店规定的时间内赶到客人房间收取皮鞋。

图3-2　鞋篮

（2）收取皮鞋时，在小纸条上写明房间号放入皮鞋内，以防送还时出现差错。

（3）擦鞋在工作间进行，擦鞋时先在鞋下垫上一张废报纸，用布和鞋刷将表面上的浮土擦去。

（4）根据客人皮鞋的质地、颜色选择合适的鞋油或鞋粉。特殊颜色的皮鞋，在选用近色的鞋油时，可在鞋的后跟处轻轻试刷，若不符可用无色鞋油代替，以免皮鞋串色。

（5）将鞋油用刷子擦均匀，鞋油不宜过多。鞋底和鞋口边沿要擦干净。擦皮凉鞋时，应在鞋的内侧垫上干净布，以防鞋油弄脏客人的袜子。

（6）5分钟后，再用干净鞋刷擦亮，最后用干净擦鞋布擦亮，使之达到客人的要求。

（7）一般晚间半小时（白天10分钟）后将擦好的鞋送至客人房间，如果客人不在，应放于壁橱内的鞋篓旁，不要忘记取出鞋内小纸条。

（五）访客接待服务

1.对访客的管理规定

（1）凡是住客本人带来的来访客人，服务员可不予询问，但要做好记录，记明进出时间和男女人数。

（2）对于独自来访者，要问明情况，必要时可礼貌查验证件，并应先往房间打电话征得客人同意，再给访客带房；如客人不在房间，应请访客到公共区域等候，不可在楼层逗留。

（3）如住客不在房间又没有留言，不得让访客进房等候。如来访者持有门匙应当立即收缴，待住客回来后再做处理。

（4）到了饭店规定逗留的时间，服务员要给仍有访客的客房打电话，促请访客离店。若访客因事不能离店，需要在客房逗留，必须到总台办理入住登记手续。超时不肯离房又不愿办手续的，应报大堂副理或保安部处理。

2.访客接待服务规范

（1）访客抵达，问清来访者的姓名、单位并查看有效证件，问清住店客人的房间号、姓名、性别等情况，如与住客情况相符，可让来访者填写"饭店会客登记单"。

（2）通过电话与住客联系，征得住客同意后，再引见给客人。

①住客不在房间：向访客说明，并提示其到总台办理留言手续。

②住客同意会见：按住客的要求为访客引路。

③住客不愿意接见：先向访客致歉住客不在房间，然后委婉请其离开，不得擅自将住客情况告诉访客。

④住客事先要求服务员为访客开门：请住客先到大堂经理处办理相关手续，访客抵达时，服务员与大堂经理联系，证实无误后方可开门。

（3）如果会客地点在客房，将来访者引领进房后，礼貌询问客人是否需要茶水、饮料、毛巾等，如访客超过3人，应主动增加座椅和茶杯，也可以向客人推荐会客室；如果住店客人事先有交代，应在来访前半小时做好会客的准备工作，向住店客人问清客人来访人数、时间，是否准备饮料、鲜花，有无特别的服务要求等。如果会客时间较长或人数较多，应及时为客人续水或添加饮料。

（4）访客离开后要及时撤出增加的座椅、茶具等，再次整理好房间，以方便住客休息。

（5）做好访客进出的时间记录，如超过访问时间，访客还未离开，根据饭店规定，先用电话联系，提醒客人，以免发生事故。

（6）对没有住客送的访客要特别留意，注意其带出物品。

（六）物品租借服务

物品租借服务的相关规定：

（1）租借物品需要出示有效证件并填写"租借物品登记表"。

（2）提醒客人认真遵守租借物品的租借时间，如果租借物品的时间需要延长，应事先告知客房服务员。

（3）贵重物品按规定收取一定数额的押金。

（4）告知客人在使用过程中，如果租借物品出现故障，客人不得自行处理，应及时通知客房服务员联系维修工检修。

（5）租借物品如因客人使用不当而造成损坏，客人应按有关规定赔偿。

（七）托婴服务

托婴服务是高星级饭店向客人提供的一个服务项目，也是为外出活动办事的住客提供短时间的照管婴幼儿童的有偿服务。此项服务大多由客房部服务员在下班后承担，或是向社会服务机构代雇临时看护服务员。

1.托婴服务员任职资格要求

托婴服务责任重大，对看护服务员有严格的要求，其任职资格如下：

（1）具有高度的责任心，能够严格按客人要求照看婴幼儿；

（2）接受过照看婴幼儿的专业培训；

（3）懂得并掌握照看婴幼儿的专业知识和技能；

（4）有照看婴幼儿的经验并略懂外语；

（5）了解东西方文化与习俗方面的差异。

2.托婴服务规范

（1）客人须提前3小时与客房服务中心联系，并填写"婴儿照看申请单"，以便看护服务员了解小孩的特点及家长的要求。

（2）告知客人饭店的收费标准及注意事项。托婴服务一般以3小时作为计费起点，超过3小时，则按小时增收费用，超过午夜12点，要另加打车费用。

（3）看护服务员上岗前15分钟由当值主管陪同前往客房，并向客人介绍。看护服务员在接受任务时，应向客人了解看护要求及婴幼儿的特点，以便提供有针对性服务。

（4）看护服务员应严格遵照家长和饭店的要求在规定区域内照看小孩，注意小孩的安全及饮食起居，不得随便给小孩食物吃。在照看期间，若婴幼儿突发疾病，应立即报告客房部经理，以便得到妥善处理。

（5）托婴服务完成后，看护服务员一定要通知当值主管，并立即将"婴儿照看申请单"送至总台结账处，所有费用都在前台收款处直接结算。

任务实施

步骤1：接到客人租借物品通知后，由服务中心负责派送，客房服务员负责注明物品名称、编号和租借时间。

步骤2：将客人需租借的物品送至客人房间，问清客人归还时间，根据情况向客人演示使用方法。

步骤3：填写"租借物品登记表"。

步骤4：在工作过程中，随时注意客人租借物品的使用情况，如果发现客人损坏或损失租借物品，应向上级汇报，客房服务员处理不了的应由主管出面处理。

步骤5：如在中途需收回，服务员要礼貌询问客人是否可以收回。"先生/小姐，您好，请问您借用的×××是否使用完了，我们可以收回吗？""如您再次需要，请拨打×××电话与我们联系。"

步骤6：到归还时间，应主动与客人联系，礼貌地询问客人是否需继续使用。如果房间挂有"请勿打扰"牌，等到该房取消"请勿打扰"牌子或遇到该住客时，应礼貌地询问客人是否需要继续使用。

步骤7：楼层服务员将租借物品收回后及时还给服务中心，并在交接单上注明已归还。

步骤8：收回租借物品应对其清洁、消毒后放回原处。

步骤9：客房服务人员应根据客人需求的变化，不断补充租借物品的品种，调整其数量。

任务评价 ◉◉◉

租借物品服务技能考核评价标准见表3-1。

表3-1 **租借物品服务技能考核评价标准**

评价项目	评分标准	分值（分）	得分（分）
受理客人服务需求	问清客人租借要求	10	
	及时记录，信息准确	10	
将物品送进客房	将物品送至客房，服务快捷	10	
	询问客人归还时间	10	
	根据情况向客人演示物品使用方法，演示动作规范、正确	10	
填写业务表单	填写"客人租借物品登记表"，内容完整，无漏项	10	
收回租借物品	电话询问客人是否继续租用，注意语言技巧	10	
	检查物品完好程度	10	
清洁、消毒租借物品	用适当的方式清洁、消毒租借物品后，放回原处	10	
做好记录	在业务表单上注明物品归还情况	10	
总分		100	

◉ 任务二　客房专项服务

任务导入

从美国来的道格拉斯博士在滨海酒店预订了一套豪华套房。道格拉斯博士是酒店的C级贵宾，预计在2018年3月1日抵店。根据接待规格，酒店客房部需要对房间进行特别的布置与接待准备。假如你是客房部主管，请协同你的团队模拟完成客人抵达酒店前的客房致意品准备、房间布置、客人抵达前的房间检查以及客人到达酒店时的迎接工作。

相关知识 ◉

一、贵宾接待

（一）贵宾的分类

饭店的贵宾可分为A、B、C三个等级：

1.A级

A级贵宾主要包括党和国家领导人，外国国家元首、政府首脑等。

2.B级

B级贵宾包括我国及外国的政府部长，世界著名大公司的董事长、总裁或总经

推荐视频3-3
智慧酒店应用案例——智慧酒店管家小白

拓展阅读3-2

酒店个性化与客人隐私权的保护

理，各省、自治区、直辖市负责人等。

3.C级

C级贵宾包括：

（1）地市级主要党政官员；

（2）各省、自治区、直辖市旅游部门的负责人；

（3）国内外文化、艺术、体育、新闻界的负责人或著名人士；

（4）各地星级饭店的总经理；

（5）相关行业的负责人或关键性人物；

（6）与饭店有协作关系的企事业单位负责人；

（7）饭店总经理要求按VIP接待的其他客人。

（二）不同等级贵宾的接待规格

1.A级

（1）迎送：总经理和部分服务员在大厅门口列队迎送。

（2）客房物品配备：除配备常规用品外，另增配：

①放置与房间格调协调的工艺品；

②写字台或会客室茶几上放一盆插花（盆景），卫生间云台面上放一瓶插花；

③每天放一篮四色水果并提供相关的用具用品和四种小点心；

④总经理亲笔签名的欢迎信和名片；

⑤每天放两种以上的报纸（外宾房放英文版的《中国日报》）；

⑥做夜床时赠送一份精致的工艺品。

（3）餐饮。

①客人抵店的第一餐，由总经理引领客人进餐厅；

②使用专门的小餐厅；

③每餐开出专用菜单，交有关方面审查；

④专人服务；

⑤专人烹制。

（4）保安。

①事先留好停车位；

②饭店四周布置警卫和巡视；

③设专用通道和客梯。

2.B级

（1）迎送：总经理、大堂副理、礼宾员等人员在大厅门口迎送。

（2）客房物品配备：除配备常规物品外，另增配：

①写字台上或会客室茶几上放一盆插花（盆景），卫生间云台面上放一瓶插花；

②总经理亲笔签名的欢迎信和名片；

③每一天放一篮两色水果并提供相关的用具用品和两种小点心；

④每天放两种以上报纸（外宾房间放英文版的《中国日报》）；

⑤做夜床时赠送一份饭店特制的纪念品。

（3）餐饮。

①客人抵店后的第一餐，由总经理或副总经理引领客人进餐厅；

②使用专门的小餐厅；

③每餐开出专用菜单；

④专人服务。

（4）保安：事先留好停车位。

3.C级

（1）迎送：总经理或副总经理或大堂副理在大厅门口迎送。

（2）客房物品配备：除配备常规物品外，另增配：

①写字台上或会客室茶几上放一盆插花（盆景），卫生间云台上放一瓶插花。

②每天放一篮两色水果并提供相关的用具用品和两种小点心；

③总经理亲笔签名的欢迎信和名片；

④每天提供两种或一种报纸（外宾房放英文版的《中国日报》）；

⑤做夜床时赠送一枝鲜花或一块巧克力。

（3）餐饮：根据具体情况定。

饭店对不同等级贵宾易耗品布置要求见表3-2。

表3-2 　　　　　　　　　　　不同等级贵宾易耗品布置要求

贵宾等级	易耗品配备标准	
A级	按套房标准配置	在B级贵宾的基础上，另外配置带有银质酒水篮的红酒一瓶，根据客人生活习惯等特点提供有针对性的用品
B级	按套房标准配置	在C级贵宾的基础上，另配服务卡、天气预报、卷纸、方巾一条、红酒一瓶、大瓶装洗漱用品或生活用品、烫金的印有客人姓名的信纸、信封
C级	按套房标准配置	单枝花（花瓶）、浴盐瓶、棉球瓶、茶篓、欢迎卡

二、会展旅游者的接待

（一）会展旅游者的特点

会展客人一般对客房的需求量大，对饭店的会议、展览、娱乐等设施的使用频率高，访客多，会客量大，希望饭店提供安全宁静的客房，客人会后回房时间比较集中，回房后服务要求较多。

案例精选3-7
谁进了我的房间

（二）会展旅游者的服务要点

针对会展要求，饭店可设立专门机构，为会展客人提供针对性强、专业化水平高的服务，客房部应做好会展客人的接待服务工作，服务要点如下：

（1）提供热情周到的服务；

（2）卫生清扫适度掌握，不宜过勤，特别是客人的会议文件不得随便翻动或丢弃，要有较强的保密意识；

（3）将同一展会的客人尽量安排在同一楼层或邻近楼层；

（4）房间提供的信纸、信封等用品要充足；

（5）多介绍当地的名胜古迹、特色产品等；

（6）做好客人的各种委托代办服务；

（7）针对客人会议结束后几乎同时回房、服务要求多的特点，设立客房服务中心的饭店最好提供临时的楼层值台服务，满足客人的临时需要；

（8）会展期间，由于人员混杂，流动性大，因此要做好客房的安全保卫工作。

三、商务型客人的接待

（一）商务型客人的特点

商务型客人是现代饭店的主要客源之一，据统计，商务旅游者占饭店所有客源的53%，其支出至少占全球旅游观光消费的2/3。商务旅游者多以散客为主，由于出行率高，往往喜欢选择熟悉的饭店和曾经住过的房间。具有消费高、回头率高、要求高的"三高"特点。

（二）商务型客人的服务要点

针对商务型客人的需求特点，许多星级饭店都开设了商务（行政）楼层，提供有针对性的服务：

（1）在行政楼层设置服务台负责办理客人的入住、离店手续；

（2）配备完备的商务中心；

（3）房间设施设备的配备充分考虑客人的办公需求，如宽大的办公桌、种类齐全的办公用品、先进的通信设备等；

（4）客房服务项目齐全并选派素质高、业务精、外语好的员工为商务客人提供优质高效的服务；

（5）商务客人访客较多，服务员应提供热情周到的访客接待服务；

（6）提供高质量的洗衣、擦鞋服务；

（7）多向客人推荐饭店康乐中心提供的各种娱乐项目。

四、观光旅游者的接待

（一）观光旅游者的特点

观光旅游者一般以团体为主，其活动有组织、有计划地统一进行，日程安排紧凑。这类客人的消费能力大大低于散客，对房价比较敏感，对房间设施设备要求不高，但对客房服务质量及饭店的娱乐设施有较高的要求，委托服务比较多。

（二）观光旅游者的服务要点

（1）针对观光旅游者吃好、住好、玩好的需求特点，在分配房间时要尽量将客人集中在同一楼层或邻近楼层；

（2）协助行李员做好行李的分发工作；

（3）对团体成员一视同仁，公平对待；

（4）根据团体成员的作息时间，做好早晚服务工作，如早上的叫醒服务要准时、提醒客人外出带好物品，在客人回房前调节好房间的温度、开好夜床等；

（5）委托服务要主动热情，保质保量；

（6）主动向客人介绍本地的旅游景点、地方风味、土特产品等。

五、长住型客人的接待

（一）长住型客人的特点

饭店一般将入住时间超过一个月的客人称为长住客人，他们大多为国内外的公司、商社或常驻机构在饭店长期包租客房作为办事处，也有外国雇员携带家属长期居住的。由于客人长期居住，往往会要求对客房设施的摆件和安装做一些调整。他们不仅将客房作为住宿场所，而且还作为接待、办公、会见客户的场所。

（二）长住型客人的服务要点

（1）客房服务员在服务时要熟悉客人的生活习惯、性格、爱好等，对客人以诚相待，融洽相处；

（2）由于客人工作繁忙，清扫房间的时间要与客人协商，尽量安排在客人的非工作时间；

（3）清扫时要特别注意客人的文件、物品等不能随便丢弃或移放；

（4）日常服务中要注意检查有无安全隐患，随时提醒客人要注意安全；

（5）为长住客人做好来访客人的接待工作；

（6）安排的服务人员要相对稳定，以便客人熟悉，产生亲切感；

（7）经常征求客人意见，如发现问题，应及时解决。

六、港、澳、台胞及华侨的接待

（一）港、澳、台胞及华侨的特点

随着我国经济的发展和改革开放的不断深入，华侨、外籍华人、港澳台胞回内地（大陆）探亲访友的也日益增多。在接待过程中，一定要亲切热情、关怀照顾，使他们有到店如到家的温馨感。

（二）港、澳、台胞及华侨的服务要点

（1）服务员在为客人服务时要积极主动，表现出内地（大陆）人民对他们的热情友好；

（2）在生活上多关心他们，特别是对老年客人更要多方关照；

（3）做好问询、会客、留言等服务；

（4）热情地帮助客人寻找失散多年的亲友；

（5）向客人多介绍家乡的发展变化、名胜古迹、土特产品及特效中药等。

七、疗养型旅游者的接待

（一）疗养型旅游者的特点

随着人们生活水平的提高，人们越来越重视自己的身体健康，很多客人选择温泉、矿泉或优美恬静的自然景点作为看病、疗养或休假的目的地。这类客人住店时间长，活动有规律，对住房有特殊的要求，如房内的光线充足、窗外景色优美、安静、起居方便、价格合理等，并希望得到热情周到的照顾。

（二）疗养型旅游者的服务要点

（1）根据客人的需求特点，尽量安排僻静的房间；

（2）服务要周到细心，多与客人进行交流，尽快摸清客人的生活规律；

（3）客人休息时不要打扰，保持楼道安静；

（4）根据客人的病情有针对性地介绍食疗保健知识，推荐适合客人口味的饮食，并为客人在房间用餐提供方便；

（5）对于因长期患病而心细多疑的客人，提供服务时更要注意他们的表情和情绪，及时给予必要的帮助。

八、蜜月旅游者的接待

（一）蜜月旅游者的特点

很多新婚夫妇会选择外出旅行来欢度蜜月，这样既能观赏优美的风景名胜，又能得到一次难忘的经历。他们希望饭店能提供一个安静、浪漫的客房，能得到别人的关注和祝福。

（二）蜜月旅游者的服务要点

（1）饭店应为客人安排安静、明亮的大床房，必要时，按照客人的要求和风俗习惯，布置好"蜜月客房"；

（2）见面要祝福客人，通常饭店还要赠送礼品以示祝贺；

（3）客人白天外出时要抓紧时间打扫房间，客人回房后要少进房打扰。

九、残疾客人的接待

对待残疾人士，饭店应给予特别照顾：

（1）所有人员对残疾人士要给予特别热情的对待。任何时候、任何场合都不能围观议论，不能投以讥笑甚至轻视的眼神，也不能过分使用同情的言辞，避免加重残疾人士的自卑感。

（2）对行动不便、生活自理能力较差的残疾客人，客房部、餐饮部要指定责任心强、热情礼貌的服务员专人接待护理。客人出入房间、上下楼、进出电梯、在餐厅用餐、在商品部购物、参加会议等，都要给予无微不至的细心照顾，并经常征求客人意见，改进服务方法，提高服务质量。

（3）不随意与客人交谈其残疾原因，避免引起客人不愉快。在客人情绪不稳定、显示悲伤或急躁时，要设法转移客人注意力，使其情绪逐渐稳定。

（4）对残疾人士因行动不灵活损坏客房、餐厅物品时，要及时给予安慰，不要急于提出索赔事项。

（5）对使用残疾车的客人，在没有残疾人行道的区域或上下车时，服务员要主动协助客人。

经验分享3-2

最令客人不满意的三十个小细节

酒店视角3-3

上海波特曼丽思·卡尔顿酒店："我们的标准是让人感动"

十、贴身管家服务

（一）贴身管家服务概述

1.管家服务的起源

管家起源于法国，后来注重礼节的英国人将管家服务与英国宫廷礼仪相结合，进行了严格的规范，成为行业标准。英式管家也就成为这一服务范畴的经典。贴身管家服务是为客人提供更专业和私人化的一站式酒店服务，如：拆卸行李、入住退房、客房服务、叫醒服务、订餐送餐、洗衣、订票、安排旅游和秘书服务等，这种更加个性化的服务极大地满足了酒店宾客的需求。

2.贴身管家服务在酒店

近几年来，不少高星级酒店都设了行政楼层，为客人提供贴身管家服务。如上海瑞吉红塔大酒店，最具魅力的特色之一是为每位客人提供24小时专职贴身管家服务。这支由男女共同组成的专职管家队伍接受过严格的礼仪培训，致力于理想的预见式服务模式，犹如客人身边的私人助理。从客人抵店时的房间入住登记到行李打包开箱；从协助客人预订餐厅座位到各种旅游安排；从客房送餐到解决私人电脑故障，他们可以为每位入住上海瑞吉红塔大酒店的客人提供全方位的商务解决方案。

此外，一些酒店在客房提供楼层管家服务，为住客提供管家式服务，主要有以下工作：迎送客服务、日常住店服务。

（二）贴身管家服务规范

1.迎客服务

（1）详细了解预订客人的信息资料，通过客史档案熟悉客人习惯与爱好；

（2）楼层贴身管家需对预订的房间进行设施设备的检查，跟踪鲜花和水果是否配备到位，并保证质量；

（3）楼层贴身管家需在电梯口迎接客人，礼貌与客人核对房间号及姓名，熟客可不必核对；

（4）自我介绍并向客人表示乐意为其服务，引导客人进入房间；

（5）在进房的途中，贴身管家需有礼貌地与客人交谈；

（6）服务完毕贴身管家要向客人致祝愿词，面带微笑退出房间并带上房门。

2.住店服务

（1）贴身管家在服务过程中要使用敬称，需热情友好地问候客人，保持微笑，保持适度的眼神交流；

（2）遇到客人应立即停下手中的工作向客人问好、让路，并主动提供引领服务；

（3）若是力所能及的事情要及时为客人解决，如超出自己的能力范围，需向客人说明情况，并及时将情况反映给上级，保证在第一时间将处理结果反馈给客人；

（4）根据服务需要，楼层贴身管家可与其他部门进行协调；

（5）贴身管家需在约定时间前完成代办的事项，并及时告知客人，如果未按时完成，需及时向客人解释原因；

（6）贴身管家需特别关注VIP客人，如客人今天预期退房，而过了退房时间仍未退房的，贴身管家需密切注意，提前为客人做房卡，随时为其开门；

（7）如发现客人身体不适或有其他突发情况需给予特别关注，并立即向上级汇报；

（8）到了下班时间如发现住客仍然未回酒店，不得自行下班，需等待客人平安回来，并将客人送到房间后方可下班；

（9）提供个性化服务，如根据客人的需求、爱好布置客房，又如客人夜里回来较迟，可提示客人酒店的某些特色食物味道很不错。

3.离店服务

（1）主动征求客人意见；

（2）准确掌握VIP客人的退房时间，送客人到电梯口，并按电梯，向客人表示感谢；

（3）帮客人提送行李（行李较多的应用行李车），送至大厅门口上车；

（4）主动收集客人意见，做好客史档案。

任务实施 ◎ ◉

一、贵宾抵店前的准备工作

步骤1：楼层服务员对贵宾房进行大清扫（完成各项计划），保证整齐、清洁。

步骤2：检查房内各种设备和设施，确保完好、有效（避免遗漏花洒、晾衣盒、风筒、保险箱、电热水壶、电视效果）。

步骤3：按贵宾等级布置要求，向领班领齐各种物品。

步骤4：房间布置完毕，按照领班、楼层主管、客房部经理、大堂副理的顺序进行严格检查，发现问题，立即纠正。

步骤5：楼层服务员再次进房巡视一遍并抹尘、吸尘，确保万无一失。

二、贵宾到店的迎接工作

步骤1：接到贵宾到店通知后，服务员在楼梯口迎接客人。

步骤2：见到客人面带微笑，使用礼貌用语，以姓氏加头衔称呼客人并主动问好，如"××先生/小姐（女士），您好，欢迎您光临"。

步骤3：对贵宾提供"五到"服务，即客到、微笑到、敬语到、茶到、毛巾到。

（1）服务员将事先按接待要求准备好的毛巾、茶水（或饮料）用托盘送进客人的房间；

（2）按照先上毛巾后上茶的顺序进行服务；

（3）上毛巾时，使用毛巾筐或服务夹，注意保证毛巾的香度、湿度、温度和柔软度符合质量标准；

（4）敬茶时，把茶杯放在茶碟上，茶杯与茶碟之间垫有带店标的纸垫，茶杯把摆在客人的右手边，伸出右手做一个请客人用茶的手势，并轻声说："请用茶"。

步骤4：客房服务员服务完毕，面带微笑地向客人说："如果在住店期间有什么服务需求，请拨打客房中心电话××××××××，我们很愿意为您效劳，希望您在这里居住愉快，再见。"然后后退一步，转身离开，走到房门前转身面向客人，轻轻把房门带上。

任务评价 ◉◉◉

VIP客人接待服务技能考核评价标准见表3-3。

表3-3　　　　　　　VIP客人接待服务技能考核评价标准

考核项目	评分标准	分值（分）	得分（分）
准备工作	根据VIP通知单确认房间号、抵达时间、人数、是否有特殊要求等	5	
	准备总经理欢迎信	10	
	准备茶杯、香巾、水果（若干品种）、名片等	10	
布置房间	根据VIP客人接待要求进行客房布置且在规定时间范围内完成	10	
	物品摆放正确	10	
检查房间	检查房间布置是否到位，设备及卫生情况是否完好	10	
抵达迎接	规范站立在楼梯口迎接等候	5	
	主动问候、热情接待，并引领宾客进入房间	10	
	按服务规范要求提供端茶、送巾服务	10	
	介绍房间设施与服务，并告知服务中心电话	10	
	向客人致意，面向客人微笑退出房间	10	
总分		100	

◉ 任务三　特殊情况处理

任务导入

　　一个泰国旅游团在京城P饭店下榻了两晚，第三天离店赶往南京继续在中国的旅行。客人离店以后，客房服务员在撤床上用品时，发现枕套里面夹带着一条金项链，上面镶嵌着9尊佛像。如果你是当班的客房清扫员，请模拟完成宾客遗留物品的处理工作。

相关知识 ◉

一、客人突然得急病

　　个别客人因旅途疲劳、水土不服或其他原因，可能会突然得急病，遇到这种情况要及时、妥善处理。

（1）发现客人患病，服务员要表示关怀并提供帮助，但是不要轻易乱动客人或擅自拿药给客人吃，应立即报告客房部经理或打电话同急救中心联系，由饭店医务人员护送病人到医院治疗；病危客人如需送医院，最好选择员工电梯，走饭店后门去医院，以免影响其他客人。

（2）迅速通知接待旅行社或客人接待单位主管人员。

（3）从发病开始，每天做好护理记录。必要时派专人护理，但医疗费用和护理费用由客人自理。

（4）客人住院治疗期间，及时电告其家属。

（5）饭店有关管理人员应亲自慰问患病客人。

（6）客人如果经抢救无效死亡，由医院向死者家属报告抢救详细经过，并写出"死亡诊断证明书"，证明书一式多份，由主治医生签字盖章。

（7）对该客人住过的房间进行严格的消毒处理。

二、醉酒客人的处理

案例精选3-8
醉酒客人的应对

客人醉酒是饭店经常遇到的事情，保障醉酒客人在酒店的安全，是服务人员的职责。要保护好客人，服务人员只有具备娴熟的服务技巧，才能在紧要关头临危不乱，安抚醉酒客人的情绪，适时劝导，使其安静，并提供相应的服务。

（1）发现醉酒客人要注意其醉酒的程度及行为，如客人醉酒后在楼层或公共区域大吵大闹，损坏物品，干扰和影响其他客人，应马上请保安人员前来强行制服。

（2）对于重度醉酒客人应及时报告上级及保卫部门，对于轻度醉酒客人应劝其回房休息；如需搀扶客人回房休息，客房服务员千万不可一人独自搀扶，可请同事或保安人员帮助。

（3）客人回房休息，客房服务员不可随便为其宽衣，以免发生误会，但应提供相应服务，将纸巾、热水瓶、茶杯、垃圾桶等放在床边，方便客人取用。

（4）将房间的火柴、打火机撤出，以防意外。

（5）特别留意此房的动静。

（6）交接班时要做好相应的记录。

三、客人意外受伤的处理

发现客人在房中意外受伤时，应立刻向管理人员报告，并及时采取救护措施。具体的处理方法如下：

（1）发现客人倒在地上时，应特别留意客人倒下的位置，观察、了解客人倒地的原因。例如，是否因为浴室的地滑，而倒在浴室的地上；是否因病（贫血或其他疾病）而昏倒；是否因碰到室内家具而倒地等。同时还要留意客人身上是否附着异常东西（如绳索、药瓶等），倒地附近是否有大量的血迹，应判明客人是否能够活动，是否已经死亡。

（2）安慰客人，稳定伤者的情绪；视情况征询客人意见，是否需要就医；注意观察伤者病情的变化，在医生来到之后告知相关情况。

（3）在医护人员来到之前，服务人员可视情况对伤口进行应急处理：

①如果伤处出血，可用止血带进行止血；不能缠绕止血带时，则将手洗净后，用手按住出血口，待医生到达后即遵医嘱。

②如果是轻度烫伤，先用干净水进行冲洗；如果是重度烫伤，则不得用手触摸伤处或弄破水泡，待医生到达后，听从医生的处理。

③客人昏迷不醒或行动不便时，应注意不要随意搬动客人，待医生到达后即遵医嘱。

④如果客人受伤，应查明客人受伤原因，并视情况做好善后工作。

四、客人带走客房物品的处理

发生这种情况的处理方法是：

（1）客人离店时，服务员应迅速检查房间，若发现客房贵重物品短缺，要迅速报告主管处理；

（2）管理人员迅速通知总台，和有关客人接触，查明客房物品短缺的原因；

（3）礼貌地询问客人是否在收拾行李时无意中将酒店的物品拿错了，一般情况下，客人会拿出酒店物品或承认已经带走；

（4）若客人表示为了留作纪念，想带走酒店物品，管理人员可婉言告之客人本店的有关规定，同时可告知客人，如果客人很喜欢，可向酒店领导请示，将此物品卖给客人；

（5）处理问题时要注意，切不可说客人私自拿走或偷走的言语，以防损伤客人的自尊心，伤害客人的形象，引起不必要的纠纷。

经验分享3-2
如何搞定难缠
酒店客人

五、客人带客到客房留宿的处理

在客房的对客服务过程中，时常发生住店客人带客留宿的情况，对于这种不符合酒店规定的做法，处理起来常常会遇到一些麻烦，因此，应特别注意处理问题的方式方法。处理方法如下：

（1）服务员应注意客房的住宿情况，发现有个别客人带客留宿时，要立即报告主管人员。

（2）主管人员要认真分析客人带客留宿的原因，客人带客留宿一般有两种情况：一是住店客人的亲戚、朋友或家属突然到来，晚上在客房逗留太久即住下；二是个别客人结交的不法分子，将其带入客房留宿。

（3）若是客人的亲戚朋友，可通过服务员到客房送水或送东西，提供服务的机会，很自然地了解来客情况，确属客人的亲戚朋友，晚了无处投宿，要告之客人酒店的有关规定，给来客另安排房间或采取加床处理，并补办住宿手续。

（4）若是一些不法分子，服务员要注意观察客人和来客的神情举止。发现形迹可疑时，要立即报告酒店保安部。

经验分享3-3

酒店常见紧急
事件，各部门
要做什么

任务实施 ◉ ◉ ◉

步骤1：准确判断

客房服务员拾到物品后，首先应判断是客人扔掉的物品还是遗留物品，下列物品一般为客人遗留物品：

（1）遗留在抽屉或衣柜内的物品，如衣服、围巾等；

（2）具有文件价值的信函和物品，如电传、日记等；

（3）所有有价值的物品，如钞票、金银珠宝等；

（4）身份证件；

（5）器材或仪器零件等。

步骤2：详细记录

详细记录拾到遗留物品的时间、地点、物品名称，拾获人姓名、房间号码、离店客人的姓名等。

步骤3：遗留物品上交并报告

将拾获客人遗留物品的情况详细报告给客房部办公室或保安部，做失物招领记录，由客房部文员负责登记在"遗留物品登记表"上。

步骤4：认真保管

客人的遗留物品在保管期间应做到：归口管理、专人负责、专柜保存。保管期限：非贵重物品是指90元以下的物品，由客房部负责保存，保留期限为3个月。贵重物品指90元以上的物品，应由保卫部门保管，保管期限一般在一年以上。

步骤5：交还遗留物品

已知遗留物品的客人姓名、住址或单位的，应及时交还客人，或通知或邮寄。

（1）如客人要求邮寄，饭店负责寄出，邮费由客人支付。

（2）如客人委托其他人员代领，需持有物品主人的证明信。

步骤6：保管期过后的遗留物品处理

客人遗留物品过了保管期以后，如客人没有来认领，按照国际同行业的惯例，可以发给拾遗物品本人，但整瓶的酒须上交给饭店餐饮部使用，开过封的酒应抛弃。贵重物品和现金须上交给饭店或向拾遗者本人低价优先拍卖，或者作为饭店活动奖品，或者捐献给慈善机构。

凡因私留贪占客人遗留物品引起不良影响的人员，除追回私占物品外，要酌情给予严肃的纪律处分。

任务评价 ◉ ◉ ◉

遗留物品处理技能考核评价标准见表3-4。

微课视频3-2
遗留物品处理

业务表单3-8
遗留物品
登记表

知识链接3-2
贵重物品与非
贵重物品的界
定方法

案例精选3-9
一份寄出去的
真情

拓展阅读3-3
优秀酒店的十
项卓越服务

表 3-4   遗留物品处理技能考核评价标准

考核项目	评分标准	分值（分）	得分（分）
检查及报告	仔细检查，及时报告	20	
登记	详细记录拾获日期、地点、物品名称、拾获人姓名	10	
	信息记录准确无误	10	
分类	能够准确区分贵重物品与非贵重物品	20	
保管	妥善保管，专柜专用，分类存放	20	
认领	认领手续规范、齐全	20	
总分		100	

国际视野 3-1

指引酒店人成
长的大师——
康拉德·希尔顿

国际视野 3-2

最齐全的各大
国际酒店集团
族谱——希尔
顿酒店集团

项目同步测 3

项目四　公共区域清洁

◉ 项目描述

　　饭店公共区域是饭店的重要组成部分。饭店公共区域是指饭店公众共有、共享的区域和场所。饭店公共区域的清洁保养水准直接影响和代表整个饭店的水准，因此，做好饭店公共区域的清洁保养工作有着特别重要的意义。饭店公共区域清洁保养具有众人瞩目、影响大、范围广、情况多变、任务繁杂、专业性较强、技术含量较高的特点。为了实现教学目标，本项目设置了日常清洁保养、PA专项技能两个学习任务。

◉ 学习目标

知识目标
1.了解清洁器具的种类与用途；
2.知晓大堂日常清洁的内容；
3.掌握大堂日常清洁保养的规范；
4.掌握常用清洁器具使用的基本方法；
5.掌握常见地面与墙面的清洁保养方法。

技能目标
1.能够按照操作规范要求进行大堂日常清洁保养工作；
2.能够按照操作规范要求进行常见地面与墙面的清洁保养工作。

素质目标
1.培养学生吃苦耐劳的职业精神与耐心细致的职业态度；
2.培养学生的环保意识。

◉ 任务一 日常清洁保养

任务导入

时值旅游旺季，饭店内客流量大，公共卫生间使用频率非常高，公共卫生间要随时保持清洁。如果你是 PA 组公共卫生人员，请你完成大堂公共卫生间的清洁整理工作，内容包括擦洗马桶内外、擦拭镜面和洗手池台面、卫生纸打角恢复原状、清倒纸篓等，并将地面上的水迹擦干，随时保持公共卫生间的卫生清洁、空气新鲜。

相关知识 ◉

饭店大堂是饭店 24 小时开放使用的场所，需要进行连续不断的清洁保养，这不仅因为它是饭店里最繁忙的场所，大量的人员进出和逗留会带进和留下大量尘土、脚印、手印、烟蒂杂物等，而且因为它是饭店的门面和窗口，直接代表饭店的形象，影响公众对饭店的印象，因此大堂的清洁保养工作需要日夜不停地进行。

一、大堂清洁的内容

（一）入口

大厅入口处的主要清洁保养工作是清洁地面和指示牌等。饭店大门处都有行车道，由于车辆和人员往来，大厅入口处的地面很容易有尘土杂物，因此白天要不断地、有计划地进行清扫，夜间要进行冲洗，但北方地区的饭店冬季最好不要冲洗，防止地面结冰，导致行人滑倒或车辆出现交通事故。入口处的脚踏垫要及时更换清洗，指示牌也要经常擦拭，保持清洁光亮。

（二）门、拉手

门和拉手需要经常擦拭，清除灰尘、手印、污渍，保持清洁光亮。

（三）扶手

扶手需要经常擦拭，保证无灰尘、无手印、无锈蚀、光洁明亮。金属扶手须用金属上光剂（擦铜水、不锈钢清洁剂）擦拭。木质扶手需要用清洁蜡除污上光，通常每天一次。

（四）室内地面

大厅内地面白天用拖布或吸尘器清除灰尘杂物、脚印等，晚间客人少时用打蜡机抛光。大厅地面必须保持无灰尘、无污渍、无杂物，清洁明亮。

（五）沙发、座椅、茶几、茶台

要随时清除沙发、座椅上面的灰尘杂物，并经常整理复位，如有污渍，要及时安排清洗，保证清洁整齐。

茶几、茶台上面的烟灰缸要经常更换。客人正在使用的烟灰缸，里面的烟蒂不得超过3支。更换清洁烟灰缸时要注意是否有未熄灭的烟头，确保安全。要经常擦拭台面，保证无灰尘、无污渍、无杂物，物品摆放整齐。

（六）公用电话

电话间要经常进行清洁，保证无灰尘、无污渍、无垃圾杂物。电话机要整理复位，并经常消毒。电话间里面的垃圾桶和烟灰缸要及时清倒。

（七）植物花草

及时清除枯死的枝叶、花朵，并按规定浇水、施肥、喷药，要及时清除花草中的烟蒂杂物和花盆、盆套上的泥土、灰尘、污渍。如果是人造植物花草，可以直接清洗。

（八）水池

要及时清除水池内的杂物及沉积的泥沙，定期洗刷。

（九）告示牌、画牌

要经常擦拭告示牌、画牌的玻璃面和金属框架，还要整理复位，保证无灰尘、无污渍，摆放整齐。

（十）烟灰桶

案例精选4-1

用行动诠释服务的真谛

案例精选4-2

能不能将烟灰缸放在我旁边

饭店大厅通常都有很多烟灰桶（兼做垃圾桶）。这些烟灰桶要经常清洁，定期清洗。平时，还要检查有无未熄灭的烟头、火柴等。

二、饭店公共卫生质量标准

（一）空气卫生质量标准

饭店客房内的空气中含有一氧化碳、二氧化碳、可吸入性粉尘、臭氧、致病微生物等空气污染物。餐厅、商场和其他公共卫生场所也都存在着空气污染物。饭店内空气卫生质量标准是：

一氧化碳含量每立方米不得超过10毫克；

二氧化碳含量每立方米不得超过0.07%；

细菌（杂菌）总数每立方米不得超过2 000个；

可吸入性粉尘每立方米不得超过0.15毫克。

（二）微小气候质量标准

夏季：温度22~24℃，湿度50%，风速0.10~0.15米/秒；

冬季：温度20~24℃，湿度40%，风速不得大于0.25米/秒；

其他季节：温度23~25℃，湿度45.5%，风速0.15~0.2米/秒；

（三）采光照明质量标准

客房室内照明度为50~100勒克斯，楼梯、楼道照明度不得低于250勒克斯。

（四）环境噪声标准

客房室内噪声允许值不得超过45分贝（A），舞厅不得超过75分贝（A），其他场所不得超过50分贝（A）。

（五）通风换气质量标准

凡全密封结构的建筑物，饭店内所需换气量每人每小时不得少于200立方米。

三、大堂清洁保养规范

（一）大堂的清洁

大堂清洁保养的一般原则是：以夜间为基础，彻底对其进行清洁，白天进行维护和保持。

1.大堂地面清洁

（1）每天晚上应对大堂地面进行彻底清扫或抛光，并按计划定期打蜡。打蜡时应注意分区进行，操作时，打蜡区应有指示牌，以防客人滑倒。

（2）白天用油拖把进行循环迂回拖擦，维护地面清洁，保持光亮。拖擦地面时应按一定的路线进行，不得遗漏。每到一个方向的尽头时，应将附着在拖把上的灰尘抖干净再继续拖擦。

（3）操作过程中应根据实际情况，适当避开客人或客人聚集区，待客人散开后，再进行补拖。遇到客人要主动问好。

（4）客人进出频繁的出口、梯口等容易脏污的地面要重点拖擦，并适时增加拖擦次数，确保地面清洁。

（5）遇有下雨天气，要在大堂入口处放置脚踏垫，并放置防滑告示牌（见图4-1），注意增加拖擦次数，以防客人滑倒，并视情况及时更换脚踏垫。

推荐视频4-1 大堂及公共卫生清洁

拓展阅读4-2

与众不同的香味正在成为酒店的新标识

图4-1　防滑告示牌

（6）如在拖擦过程中遇有纸屑杂物，应将其集中堆在角落，妥当处理。

2.饭店门庭清洁

（1）夜间对饭店大门口庭院进行清扫冲洗，遇有雨雪天气，应适时增加冲洗次数。

（2）夜间对停车场或地下停车场进行彻底清扫，对油渍、污渍应及时清洁，并注意定期重新划清停车线及检查路标的清洁状况。

（3）夜间对大厅门口的标牌、墙面、门窗及台阶进行全面清洁、擦洗，始终以光

洁明亮的面貌迎接客人。

（4）白天对玻璃门窗的浮灰、指印和污渍进行抹擦，尤其是大门玻璃的清洁应经常进行。

3.大堂扶梯、直梯清洁

（1）夜间对大堂内扶梯和直梯进行彻底清洁。如有观景电梯则应特别注意其玻璃梯厢的清洁，确保光亮，无指印、污渍。

（2）夜间应注意更换电梯内的地毯，并对地毯或电梯内地面进行彻底清洁。

（3）擦亮扶梯扶手、挡杆、玻璃护挡，使其无尘、无手指印，如不是自动扶梯，还应对楼梯台阶上的地毯铜条进行擦抹，并使用铜油将其擦亮。

（4）夜间对电梯进行清洁和保养，白天则对其进行清洁维护，保持干净整洁。

4.大堂家具清洁

（1）夜间对大堂内所有家具、台面、烟具、灯具、标牌等进行清洁打扫，使之无尘、无污渍、保持光亮，并对公用电话进行消毒、擦拭，使之无异味。

（2）白天对家具等进行循环擦抹，确保干净无灰尘。

（3）及时倾倒并擦净烟灰缸，烟灰缸内的烟蒂不得超过3支，如更换客用茶几上的烟灰缸时，应先将干净的烟缸盖在脏的上面一起撤下，然后换上干净的烟灰缸。

（4）随时注意茶几、地面上的纸屑杂物，一经发现，应及时清理。

（二）公共卫生间的清洁

饭店公共卫生间使用者众多、使用频繁，清洁保养工作要求高、难度大，饭店必须保证公共卫生间设备完好，用品齐全和清洁卫生。公共卫生间清扫的主要内容有：

（1）按顺序擦净面盆、水龙头、台面、镜面，并擦亮所有的金属镀件。

（2）用清洁剂清洁恭桶及便池。

（3）擦净坐厕间内的门、窗、隔档及瓷砖墙面。

（4）拖擦地面，保持无水渍、无脏印。

（5）喷洒适量的空气清新剂，保持室内空气清新、无异味。

（6）洗手台上摆放鲜花。

（7）按要求配备好卷筒纸、卫生袋、香皂、擦手纸、衣架等用品。

（8）检查皂液器、自动烘手器等设备状况是否完好。

（三）公共区域的绿化布置及清洁养护

1.绿化布置

（1）按规定对客人进出场所的绿化花草进行布置，摆放在适当位置上。

（2）根据规定的调换时间，定期调换各种花卉盆景，给客人一种时看时新的感觉。

（3）重大任务前，如接待贵宾或举行圣诞晚会，则要根据饭店的通知进行重点绿化布置。

知识链接4-1

公共区域清洁保养的基本标准

案例精选4-3

公共卫生间的贴心服务

（4）接到贵宾入住通知单，应根据客人等级和布置要求，准备好摆放的鲜花，按房号送至楼面交给客房服务员，切忌客人所忌讳的花卉。

2.绿化清洁养护

（1）每天从指定的地点开始按顺序检查、清洁、养护全部花卉盆景。

（2）拣除花盆内的烟蒂杂物，擦净叶面枝杆上的浮灰，保持叶色翠绿、花卉鲜艳。

（3）对喷水池内的假山、花草进行清洁养护，对池内的杂物要及时清除并定期换水。

（4）发现花草有枯萎现象，应及时剪除、调换，并修理整齐。

（5）定时给花卉盆景浇水，操作时溅出的水滴及弄脏的地面应用随身携带的抹布擦干净。

（6）对庭院内的树木花草定期进行修剪整理和喷药打虫，花卉盆景应按时调换。

（7）养护和清洁绿化区时，应注意不影响客人的正常活动。遇到客人礼貌问好。

任务实施 ◉◉

步骤1：准备工作

（1）准备好必需的清洁用具；

（2）打扫开始前在门把手上挂好"正在清扫"告示牌。

步骤2：清洁垃圾桶

（1）将所有的垃圾倒入指定的垃圾袋中；

（2）用适量稀释后的碱性清洁剂刷洗垃圾桶的内外；

（3）用抹布擦干净垃圾桶内外部，使之干净、无污渍，并套上垃圾袋。

步骤3：清洁烟灰缸

（1）在倒烟灰缸之前应检查烟蒂是否熄灭；

（2）清洗烟灰缸后将内外擦干。

步骤4：清洁马桶

（1）将强力清洁剂沿马桶内部边缘倒入；

（2）用马桶刷刷洗马桶，直到污渍消失；

（3）用清水冲洗马桶；

（4）用浸过消毒清洁剂的抹布擦拭马桶座圈、底部和桶盖；

（5）用百洁布将马桶外部由上至下擦干净。

步骤5：清洁立式便池

（1）将强力清洁剂沿边壁倒入；

（2）使用马桶刷从上水孔至下水孔按顺序刷洗并用清水冲洗；

（3）用浸过消毒清洁剂的抹布将便池外部由上至下擦干净。

步骤6：清洁镜面

（1）将玻璃清洁剂均匀地喷在镜面上；

（2）用玻璃刮刮净玻璃上的水迹，方法与玻璃的清洁方法相同；

（3）用干抹布擦拭镜面的边框。

步骤7：清洁洗手盆及台面

（1）将稀释后的清洁剂均匀地喷洒在洗手盆内；

（2）用百洁布擦洗整个面盆后再用水冲洗面盆；

（3）用抹布擦干面盆内部；

（4）用蘸有消毒剂的百洁布擦洗台面并用干抹布擦净；

（3）保证台面无水迹、无污渍。

步骤8：清洁墙壁隔板

（1）用蘸有稀释清洁剂的抹布由上至下擦拭墙壁隔板；

（2）用干净的抹布擦净；

（3）保证隔板清洁无污渍。

步骤9：清洁金属制品

（1）用干抹布蘸万能清洁剂擦抹金属制品表面；

（2）使用干抹布擦干净并擦亮。

步骤10：补充消耗品

（1）按规定数量补充面巾纸、手纸、洗手液，倒洗手液时防止外溢；

（2）确保客房用品配备量充足，摆放整齐；

（3）检查烘手器、皂液器、空调等设备能否正常使用。

步骤11：清洗地面

（1）用拖把蘸已稀释的清洁剂由里向外顺序拖洗地面，注意墙边和角落；

（2）用湿拖布将地面擦干净，注意角落；

（3）用干拖布擦净地面及边角，注意地面不可有水迹，以防客人滑倒。

步骤12：室内净化

（1）检查清洁的程度；

（2）摆放鲜花或盆栽；

（3）适量喷洒空气清新剂。

任务评价 ◉ ◉ ◉

公共卫生间清洁整理评价标准见表4-1。

表4-1 公共卫生间清洁整理评价标准

考核项目	评分标准	分值（分）	得分（分）
清扫准备	准备好必要的清洁用具	5	
	悬挂告示牌	5	
清洗过程	垃圾清理无遗漏	5	
	垃圾桶清洁干净无污渍	5	
	检查有无未熄灭烟蒂	5	
	马桶清洁干净，无污渍、水迹	5	
	立式便池清洁到位无污渍	5	
	台面、洗手盆、镜面无污渍或水迹	5	
	隔板无污渍	5	
	各种金属设备擦拭光亮干净	5	
补充消耗品	面巾纸、香皂、卫生纸齐全干净、正常更换	10	
	检查各类设施设备能否正常运行	5	
	发现各类问题及时报修	5	
清洗地面	拖洗顺序正确	5	
	拖洗无遗漏	5	
	地面无水迹	5	
	地面无毛发	5	
室内净化	物品摆放整齐	5	
	卫生间内无异味	5	
总分		100	

◉ 任务二　PA专项技能

任务导入

　　A酒店预订处接到一单很重要的团队预订业务，该团队将在下周一到店，如果你是PA主管，请协同你的同事共同完成酒店大堂地面的清洁保养工作。

相关知识 ◉

一、清洁设备认知

　　饭店客房和公共区域的清洁卫生工作都是专业性较强的工作。其中，地毯洗涤和地面清洗、打蜡、磨光等，不仅面积大、工作任务繁重，而且必须借助清洁工具和器材，才能保证清洁的卫生质量，提高工作效率。饭店常用的清洁设备有以下几种：

（一）吸尘器

吸尘器是饭店客房和公共区域主要和常用的清洁工具。饭店常用的吸尘器主要有直立式吸尘器、吸力式吸尘器和混合式吸尘器三种类型。

1.直立式吸尘器（见图4-2）

图4-2　直立式吸尘器

它除了利用机身的吸力外，还靠装在吸嘴内的马达推动旋转震动刷，将地毯绒毛拨开，从而吸出地毯中的沙砾脏物和灰尘，清洁效果较好。所以，直立式吸尘器主要用于饭店客房清洁地毯使用。

2.吸力式吸尘器

这种吸尘器是直接利用马达推动叶片，形成强大吸力，将清洁对象上的脏物、灰尘吸起，达到清洁效果。为便于使用和适应不同清洁对象的要求，吸力式吸尘器有圆筒型、滚筒型（见图4-3）等不同的种类，每一种又可以在吸尘器的长喉上接驳各种配件。因此，它主要适用于清理地板、家具、帷帘、软垫等。

图4-3　滚筒型吸尘器

3.混合式吸尘器

它同时兼具了直立式吸尘器和吸力式吸尘器的优点，既有较强的吸力，又安装了由马达推动的旋转震动刷，可以同时发挥两者的长处。所以，混合式吸尘器适合于饭店客房和楼道、前厅、餐厅等公共区域使用。

（二）打蜡机

打蜡机（见图4-4）主要用于地面打蜡和擦洗，有单刷机、双刷机和三刷机等不同种类，以单刷机和双刷机较多。单刷机按速度分为慢速机、中速机和高速机，其中，慢速机和中速机较适合擦洗地板使用，高速机则较适合地面打蜡和地面喷磨。

图4-4 打蜡机

（三）吸水机

吸水机（见图4-5）主要用于地面吸水，其工作原理与吸尘器基本相同，但吸尘器多使用风冷式马达，吸水机多使用旁路冷却式马达。

图4-5 吸水机

（四）擦地机

擦地机（见图4-6）主要用于地面洗涤、擦拭，多采用高速机，也可用于地面打蜡。其原理和速度、种类与打蜡机基本相同。

图 4-6　擦地机

（五）洗地毯机

根据地毯洗涤方法和要求的不同，洗地毯机可分为干泡洗地毯机、压粉机、地毯抽洗机和单擦洗地毯机等多种。干泡洗地毯机（见图4-7）主要用于干泡洗法。压粉机主要用于干粉洗法。地毯抽洗机（见图4-8）主要用于湿洗法，包括热水抽洗法和冷水抽洗法，其作用是将按一定比例兑好的清洁剂倒入抽洗机的水桶中，启动机器，将清洁剂均匀、适量地喷入地毯中，待风干后彻底吸尘，从而达到清洁地毯的目的。

图 4-7　干泡洗地毯机

图 4-8 地毯抽洗机

二、地面清洁保养

（一）地毯的清洁保养

地毯是一种高档地面装饰材料，它不仅可以美化环境、营造庄重气氛，而且还有助于吸音，并提供舒适的踏足地面和清洁、安全的工作、居住场所。据统计，星级饭店的地毯铺设面积要占其总面积的65%左右。由此可见，地毯的清洁保养是饭店保洁工作中的一个重要环节。

1. 防污防脏

采取适当的预防性措施，可以避免和减轻地毯的污染，这是地毯清洁保养最积极、最经济、最有效的办法。具体的做法有：

（1）喷洒防污剂。地毯在启用前，可以喷洒专用的防污剂，在纤维表面加一层保护层，起到隔离污物的作用，这样即使有脏物，也很难渗透到纤维中，而且很容易清除。

（2）阻隔污染源。饭店要在一些出入口处铺上长毯或擦鞋垫，用以减少或清除客人鞋底上的尘土污物，避免客人将污物带进饭店，从而减轻对包括地毯在内的地面的污染。

（3）加强服务。通过周到的服务也可以达到防止污染地毯的目的。例如，有些客人有时会在客房内吃一些瓜果。发现这种情况时，服务员应为客人提供专门的用具用品，并给予适当的帮助，从而避免将瓜皮、果壳及汁水掉到地毯上。

2. 经常吸尘

在地毯保养过程中，吸尘是最重要的。吸尘可以去除地毯表面及纤维中的灰尘、皮屑等松散形污垢，有助于疏松地毯纤维，减少洗地毯的次数，保持地毯的弹性和柔软度，延长使用寿命。

（1）吸尘的次数。

一般来讲，吸尘频率根据以下情况而定：人员活动非常频繁的地方，每天吸尘1次；人员活动频繁的地方，每周吸尘3次；普通地方，每周吸尘1～2次。地毯吸尘平

微课视频 4-1

地毯污渍的处理

知识链接 4-2

常用地面清洁用品及其功能

知识链接 4-1
地毯的种类

时可用普通吸尘器，但应定期使用直立式吸尘器彻底吸除地毯根部的杂质、砂粒等。

（2）吸尘的注意事项。

吸尘前先清除区域内大的垃圾和尖利物品；吸尘时，客房或公共区域的角落、墙边等处应选用合适的吸尘器配件；吸尘时应采用由里向外的顺序进行，以免遗漏；吸尘时应采用推拉式，推时应逆毛，拉时应顺毛，保证吸过的地毯纤维倒向一致。

3.及时除渍

日常工作中，地毯上经常会有局部的小块斑迹，如饮料斑迹、食物斑迹等，发现地毯出现斑迹，应立即加以清除。不同的污渍应使用不同的方法加以清除，否则渗透扩散后会留下永远无法清除的污渍。

对地毯进行局部除渍时，要注意以下几点：

（1）先用清水湿润污渍周边地毯，以防止污渍潮湿后向四周扩散。

（2）用刷子擦刷时，采用湿刷的办法，以减轻对纤维的损伤。

（3）在清洗污渍时必须采用有效的方法清除污物。

（4）根据污渍的种类和性质选用合适的清洁剂。

（5）使用清洁剂后，必须用清水冲洗，以减轻清洁剂对地毯的损伤。

（6）避免清洁方法不当而留下新的痕迹，如褪色等。

4.定期检查

（1）检查地毯是否有污渍。

（2）检查地毯是否有线头，若有，应用剪刀剪去，绝不能抽拉线头。

（3）检查地毯是否有小块脱离的毛簇，毛簇主要是手刷地毯造成的，这种凸起的毛簇会因地毯清洗不正确而变得脆弱或因灰尘堆积而溃散，补救方法是在凸起的毛簇上覆上一块湿布，用熨斗熨平，再用软刷刷熨毛簇。移动家具防止长期压迫使地毯变形。

（4）检查地毯边角是否有卷起，若有，可在地毯上、下各铺一块湿布，用电熨斗压在湿布上产生蒸汽熨平。

（5）检查地毯上的胶垫，胶垫可防止地毯起皱。

5.适时清洗

地毯清洁次数建议见表4-2。

知识链接4-2
地毯的清洗方
法及注意事项

表4-2   地毯清洁次数建议

清洁项目 ＼ 清洁区域	普通地方（如办公室、特别客房等）	人员活动频繁的地方（如走廊、通道等）	人员活动非常频繁的地方（如出入口、电梯等）
吸尘	每周1~2次	每周3次	每天1次
除渍	每周1~2次	每周3次	每天1次
干泡抽洗	每年1次	每年2次	每月1次
液体抽洗	每年1次	每年1次	每年2次

（1）地毯干洗。

①准备好多功能清洗机、擦洗盘、刷子、地毯高泡清洁剂等器具和清洁剂；在待洗区域放置警示牌，移开地毯上的家具、杂物，如清洗客房地毯，需撤去床上用品，靠墙的落地窗帘必须打结或夹住，悬离地面50cm以上。

②待洗区域地毯彻底吸尘，除去污渍。

③将清洁剂按使用说明配制后，装入多功能洗地机的盛液器内，清洗时应按从里到外的顺序设计清洗路线，以免遗漏，并严格按机器使用说明或要求操作。

④地毯洗过后用刷子逆毛将地毯纤维刷起，使之干后有弹性；将区域内空调开至最高档，使其通风或用地毯吹干机将地毯吹干；地毯干后，彻底吸尘，并用抹布擦净墙角线上的残余物；将清洗完的区域或房间恢复到原来状态。

⑤将用过的器具清洁后妥善存放。

（2）地毯抽洗。

①准备好地毯抽洗机、刷子、地毯低泡清洁剂等器具和清洁剂；在待洗区域放置警示牌，移开地毯上的家具、杂物；如清洗客房地毯，需撤去床上用品，靠墙的落地窗帘必须打结或夹住，悬离地面50cm以上。

②待洗区域地毯彻底吸尘，除去污渍。

③按使用说明配制清洁剂，将配制好的清洁剂装入喷壶内，均匀地喷洒到待清洗的地毯上，使其充分反应；将清水注入地毯抽洗机的清水箱内，清洗时应按从里到外的顺序设计清洗路线，以免遗漏，并严格按机器使用说明或要求操作；视情况重复清洁。

④将两台地毯吹干机分放在地毯的两边，接上电源，打开开关，形成对流，将地毯尽快吹干；打开空调或开门开窗，使得地毯尽快干透。

⑤地毯干后，用直立式吸尘器彻底吸尘，将清洗完的地毯恢复到原来状态。

⑥用过的器具清洁后妥善存放。

无论使用哪种方法清洗地毯，对地毯都有一定的损伤，所以，酒店需重视地毯的日常保养工作，尽量少洗地毯。

（二）大理石地面的清洁保养

对大理石地面进行清洁保养时，方法一定要得当，否则会对大理石地面造成损伤，既影响其外观，又会缩短其使用寿命。

1.大理石地面的日常保养

（1）要及时除尘，通常用尘推干推，必要时用中性清洁剂湿拖或清洗。

（2）平时只要抛光即可保持光泽。

（3）当表面污渍积聚较多时，用低速洗地机清洗，清除逐渐积累的上光剂和污物，然后重新涂上上光剂。

2.大理石地面保养的注意事项

（1）避免使用酸性清洁剂。因为酸性清洁剂会与大理石产生化学反应，使大理石表面变得粗糙，失去光泽和韧性。

（2）有选择地使用碱性清洁剂。部分碱性清洁剂如碳酸钠、碳酸氢钠、磷酸钠等会对大理石造成损伤。

（3）不能使用肥皂水。肥皂水用后会留下黏性沉淀物而不易清除，使大理石地面变滑，影响行人安全。

案例精选4-1
大理石地面打蜡后涂层不均

（4）不可将清洁剂直接泼洒在地面上。应将地面预湿，使清洁更加容易，而且可以防止清洁剂中的盐分被大理石表面的细孔吸收，造成大理石的损伤。

（5）新铺大理石启用前须清洗打蜡。第一次打蜡可以打两层底蜡和两层面蜡，打蜡后，既可防止污物渗透，又可使其表面光洁明亮。

3.大理石地面打蜡抛光常见问题及原因（见表4-3）

表4-3　　　　　　　　　　大理石地面打蜡抛光常见问题及原因

问题	原因
全部涂层很差	（1）对碱性清洁剂清除不彻底，有残留； （2）上光剂太少； （3）前层未干就涂后一层； （4）上光剂太差
地面过滑	（1）上光剂太多； （2）上光剂是从另一处移过来的； （3）地面未在打蜡抛光前清洗干净
涂层成粉状	（1）地面已受过污染； （2）封蜡时湿度过高或过低； （3）地面下有热度； （4）定期保养时错用保养器具
耐久性差	（1）交通负荷超过地面所能承受的压力； （2）错用清洁剂； （3）日常保养时错用保养器具； （4）上光剂太少； （5）上光剂上在受污染的地面上； （6）清洗时碱性不够

三、墙面清洁保养

（一）硬质墙面

1.主要材料

饭店很多地方的墙面都为硬质材料，常见的有瓷砖和大理石等。

2.特点和性能

这些墙面材料的特性与同质的地面材料之间有许多相同之处，但在清洁保养上的做法和要求却有所不同，因为墙面很少受到摩擦和严重污染，主要是尘土、水和其他污物。

3.清洁保养

（1）日常清洁保养主要是对其除尘除渍。

（2）定期清洁保养大多是全面清洗，光面层可用蜡水清洁保养。

（3）厨房、卫生间的墙面可用碱性清洁剂清洗，但洗后要用清水洗净，否则，时间一长，表面会失去光泽。

（二）墙纸、墙布

1.主要材料

墙纸、墙布是饭店使用最广的墙面材料，主要用于客房、办公室、会议室、餐厅、酒吧等。墙纸、墙布的种类很多，常见的有：纸基深塑墙纸、纸基织物墙纸、聚氯乙烯塑料墙纸、玻璃纤维印花墙布、化纤装饰墙布、无纺墙布。

2.特点和性能

墙纸是以纸为基材，再经过复合、印花、压花等深加工而成。墙纸的特点是：立体感强、装饰效果好、不易褪色、透气性好。墙布是以纤维为基材，再经过一定处理而制成的。它具有色彩鲜艳、花色繁多、不褪色、不老化、透气、耐磨、防火、耐潮等性能。

3.清洁保养

（1）墙纸、墙布的清洁保养主要是除尘除渍，除尘时，可使用干布、鸡毛掸、吸尘器等，除渍时，需按规范谨慎操作。

（2）对耐水的墙纸、墙布可用中性或弱碱性清洁剂，使用毛巾、软刷擦洗，擦洗后用纸巾或干布吸干。

（3）对不耐水的墙纸、墙布只能使用干擦的方法，如用橡皮擦拭或用毛巾蘸少许清洁剂轻擦。

（三）木质墙面

1.主要材料

木质墙面主要有微薄木贴面和人造木纹板等几种，常用于大厅、会议室、餐厅、办公室、客房等。

2.特点和性能

微薄木贴面是一种新型的高级装饰材料，它是用珍贵树种如柚木、水曲柳、榉木等，经过精细的刨切，制成厚度为0.2~0.5毫米的微薄木，以胶合板为基础，采用先进的黏胶工艺制成的，特点是花纹美丽、真切感和立体感强，容易清洁，但易损坏。人造木纹板也是一种新型的装饰面板。它是在人造板表面用凹版胶套色印刷机印刷出各种花纹而制成的。人造木纹板的种类主要有印刷木纹胶合板、印刷木纹刨花板等，其特点是花纹美观逼真，色彩鲜艳协调，层次丰富清晰，表面耐磨，有光泽、耐高温、抗水、耐污染、易清洁，但不阻燃。

3.清洁保养

（1）木质墙面的日常清洁保养主要是除尘除垢，除尘除垢可用半干抹布。

（2）木质墙面的定期清洁保养主要是打蜡上光，打蜡上光须选用家具蜡，并按规范程序进行（具体见木质家具的清洁保养）。

（3）木质墙面平时应防碰撞或擦伤。如有破损应由专业人员维修。

（四）软墙面

1.主要材料

软墙面主要是用锦缎等织品或皮革蒙制墙面，内衬海绵等材料。

2.特点和性能

软墙面装饰具有独特的质感和触感，格调高雅华贵，吸音保温，立体感强。

3.清洁保养

（1）软墙面的清洁保养主要是除尘除渍。除尘时可用干布或吸尘器。

（2）如有污渍，可选用合适的方法清除，一般不宜水洗，防止褪色或形成色斑。

（3）如用溶剂除渍时，要注意防火。

（五）油漆墙面

1.主要材料

油漆墙面色彩丰富，易与家具的色彩搭配，使得整体协调。

2.特点和性能

油漆墙面易清洗，寿命长，但空气湿度大时容易脱落，故适用于干燥的场所。

3.清洁保养

（1）在日常清洁保养时，可用潮布擦拭。

（2）在清除污渍时，忌用溶剂，以免破坏油漆面。

（六）涂料墙面

1.主要材料

涂料可分为溶剂涂料、水溶性涂料和乳胶漆涂料等。

2.特点和性能

溶剂涂料生成的涂膜细而坚韧，有一定的耐水性，但易燃烧，挥发后对人体健康有害。水溶性涂料是以水溶性合成树脂为主要合成膜物质，较易脱落。乳胶漆涂料是将合成树脂以极细微粒分散于水中构成乳液（加适量乳化剂），以乳液为主要成膜物质，其效果介于溶剂涂料和水溶性涂料之间。色泽变化多，不易燃烧，无毒无怪味，有一定的透气性，但过分潮湿时会发霉。

3.清洁保养

（1）涂料墙面的日常清洁保养主要是除尘除渍。灰尘可用干布或鸡毛掸清除。

（2）如有污渍，可用干擦等方法清除。

（3）由于涂料墙面容易脱落，因此要定期重新粉刷墙面。

任务实施

步骤1：清理地面

（1）在工作区域周围设置"暂停使用"或"小心地滑"告示牌提醒客人；

（2）将所需打蜡地面上的所有家具和物件搬离；

（3）清扫果壳纸屑，碰到口香糖等黏胶类垃圾需用刮刀刮干净。

步骤2：除旧蜡

（1）用拖把将蜡水按1：10的比例兑水均匀涂抹于待清洗地面；

（2）均匀地将稀释后的起蜡剂洒在需要上蜡的地面上；

（3）等候10~20分钟，待起蜡水与地面充分反应后，将黑色磨光垫放入起蜡机进行起蜡；

（4）用洗涤机磨洗，直至陈蜡及脏垢浮起；

（5）用钢丝球擦除墙角边的陈蜡。

步骤3：清洗地面

（1）用洗涤机清洗地面，按一定方向有顺序地进行，避免遗漏；

（2）用清水漂洗地面，根据需要决定漂洗次数（因起蜡水是强碱性，残留在大理石上会影响打蜡效果，所以要确保清洗干净）。

步骤4：吸干地面

（1）用吸水机吸干地面；

（2）如有部分地面还比较湿则可用干布推干，推完一块再推另一块，依次进行，避免遗漏；

（3）等待地面完全干透。

步骤5：上第一层蜡

（1）用拖布或喷蜡器将第一层蜡（即封蜡，大理石地面适合用水性蜡）均匀涂抹于地面；

（2）涂抹时从前往后退，循序渐进；

（3）蜡要喷得薄而均匀，为避免遗漏，每行可互叠10cm左右。

步骤6：抛光

（1）待蜡层风干后用抛光机轻度打磨，使蜡面平滑牢固；

（2）抛光时推进速度不能太快，保持在50米/分钟的速度；

（3）抛光时，上下行距应互叠10cm，以免漏抛光。

步骤7：上第二层蜡并抛光

（1）第一层蜡抛光约4小时后才能按同样的方法第二次涂蜡；

（2）一定要等蜡层干透后再抛光，否则会使蜡面层起糊。

步骤8：上第三层蜡并抛光

（1）第二层蜡干透（约4~8小时）后再涂上一层很薄的面蜡；

（2）蜡干后用同样的方法抛光即可。

任务评价 ◉ ◉ ◉

大理石地面清洁保养评价标准见表4-4。

表4-4 　　　　　　　　　　　　大理石地面清洁保养评价标准

考核项目	评分标准	分值（分）	得分（分）
清理地面	放置告示牌	3	
	搬移家具无损坏或不影响客人行动	3	
	清扫时动作不宜过大	2	
	清除黏胶类污渍，操作规范	2	
除旧蜡	起蜡水涂抹均匀	5	
	磨洗时无遗漏	5	
	彻底去除陈蜡，无遗漏	5	
清洗地面	地面清洗到位，无遗漏	10	
吸干地面	地面吸干到位	5	
	地面完全吸干后才打蜡	5	
第一次上蜡	蜡的种类选择正确	10	
	喷蜡均匀	10	
抛光	蜡层风干后开始抛光	5	
	抛光速度适宜	5	
	无遗漏	5	
第二次上蜡并抛光	等待四小时后涂第二层蜡	5	
	蜡层干透后第二次抛光	5	
第三次上蜡并抛光	第二层蜡干透后涂薄蜡	5	
	蜡干后第三次抛光	5	
总分		100	

项目五　对客服务管理

◉ 项目描述

　　客房质量管理的两大任务是服务和卫生。客房对客服务是整个酒店对客服务工作的重要方面，其质量好坏直接影响酒店的整体服务质量；客房清洁卫生是客人对饭店的基本要求，也是客人选择是否投宿某饭店的关键因素之一，客房部的首要任务就是客房的清洁与保养。因此，客房部以及整个酒店都必须高度重视客房对客服务质量管理工作，采取一系列措施和方法加强客房对客服务的质量管理。本项目设置了服务质量管理、卫生质量控制两个学习任务。

◉ 学习目标

知识目标　　1.了解客房服务质量与卫生质量的内容；
　　　　　　2.知晓宾客投诉的原因；
　　　　　　3.掌握宾客投诉处理程序及培养忠诚客户的途径；
　　　　　　4.掌握客房卫生质量控制方法。

技能目标　　1.能够按照宾客投诉处理程序及技巧处理宾客投诉；
　　　　　　2.能够按照客房卫生质量标准进行卫生质量控制。

素质目标　　1.培养学生系统思考的能力；
　　　　　　2.培养学生耐心细致的职业习惯。

⊙ 任务一　服务质量管理

任务导入

　　一天晚上，一位30开外、服饰考究的女客人，面带怒色地找到饭店大堂副理投诉说："先生，我刚才回房发现自己放在卫生间盥洗台上的护发液不见了，肯定是让服务员给扔掉了！"俞副理马上说道："女士，对不起，给您添麻烦了。那么您是否可以使用本饭店提供的护发液？""不行啊，我多年来一直使用那种法国的名牌护发液，所以外出旅行也带上，其他护发液我用不习惯。"俞副理见出现了僵局，觉得应该先到现场调查一下再说。于是，他对客人说："女士，您可以带我到房间去看看情况吗？""好吧。"客人答应道。

　　俞副理跟着女客人走进她客房的卫生间，见盥洗台右角上整齐地摆放着客人的盥洗用品和化妆盒，只是没有护发液。俞副理马上把当班服务员小甘找来，问她是否见到客人的一瓶护发液。小甘承认是她处理掉的，因为她从半透明的瓶子看到瓶底只剩一点护发液，估计客人没什么用了。客人表示，恰恰这最后一点护发液是她留着最后一晚用的，明天她就乘飞机回香港了。如果你是这位大堂副理，请模拟完成对该宾客投诉的处理工作。

相关知识 ⊙

一、服务质量的定义

　　所谓服务质量是指酒店以设备或产品为依托的劳务适合和满足宾客物质及精神需求的程度。适合并满足的程度越高，服务质量就越好；反之，服务质量越差。

二、客房服务质量的构成

　　客房服务质量是由以下三方面内容构成的：

　　1.客房设备设施及用品

　　客房设备设施及用品包括客房家具、电器设备、卫生间设备、防火防盗设施、客房备用品，这些设施设备和用品的质量直接影响到整个客房服务的质量。

　　2.客房环境质量

　　客房环境质量主要是指客房设施设备的布局和装饰美化，客房的采光、照明、通风、温湿度的适宜程度等。良好的客房环境能使客人感到舒适惬意，产生美的享受。

拓展阅读5-1 对于服务的诠释

拓展阅读5-2 酒店管理之五字法则

拓展阅读5-1 品质管理：酒店舒适度，是留住客人的核心

案例精选5-1 保证客人睡得香"运动"

3.劳务质量

劳务质量是客房部一线服务人员对客人提供的服务本身的质量。它包括服务态度、服务语言、服务的礼节礼貌、服务方法、服务技能技巧、服务效率等。

以上三方面中，设备设施用品和环境质量是有形的，构成了客房的硬件设施；劳务质量是无形的，构成了客房的软件设施，也是服务质量的最终表现形式。二者的有机结合，便构成了客房服务质量。

三、客房服务质量标准的建立

所谓标准，就是对重复性事物和概念所做的统一规定，作为共同遵守的准则和依据。客房服务质量标准的建立与实施是质量管理的基础，是酒店一切工作的依据，包括培训依据、检查依据、考核依据、质量管理的依据、定价依据。标准的建立要有一个度，过严和过宽都不合适。

（一）对客服务标准制定的基本原则

对客服务标准的制定，必须遵循方便客人、方便操作和方便管理的基本原则。

1.方便客人

制定、实施对客服务标准，是为了使客人获得满意的服务，使其有宾至如归的感觉，感到像家里一样方便和温馨，享受家里所没有的舒适氛围，因此，对客服务标准的制定必须以此为出发点。脱离了客人的需求，单纯强调标准和程序是没有任何意义的。对客服务标准的制定必须结合客人的特点，在对客服务中，既要制定相应的规范和标准，以保证服务质量；同时，又要根据客人的不同特点和要求，提供灵活和机动的针对性服务。

2.方便操作

方便操作是制定标准应遵循的另一个原则，服务标准应节约时间，能够减少不必要的体力消耗，提高工作效率。如果对客服务标准难以让员工掌握和操作，就失去了制定标准的意义。

3.方便管理

实行标准化管理，目的在于减轻管理者的负担，易监控，贯彻自己的管理意图，使客房对客服务有一个统一的质量标准。客房对客服务标准不是新事物，各个饭店都在运用，而且国内外不少饭店都有自己成功的经验，但这些标准是否适合自己的饭店，是否有利于提高工作效率，就不一定了。对客服务标准的制定和使用是一种管理艺术，因此，客房管理者要有自己的管理思想，能够根据客源市场的需求情况和自己饭店的特殊情况，包括客房设施条件和员工素质，甚至自己的管理风格等，来制定和实施符合客人需求的标准，而不是完全照抄、照搬别人的东西。

（二）对客服务的基本标准

为了提高宾客的满意程度，客房部应制定以下对客服务标准：

1.服务程序标准

服务程序标准指将服务环节根据时间顺序进行有序排列，既要求做到服务工作的有序性，又要求保证服务内容的完整性。例如客房接待服务有四个环节，即客人到店前的准备工作、客人到店时的迎接工作、客人住店期间的服务工作、客人离店时的结账检查工作，其中每个环节又进一步细分出很多具体的步骤和要求，这些环节中任何一个步骤出现问题，都会使客房服务质量受到很大影响。因此，确定客房服务程序标准是保证服务质量的重要举措。

2.服务效率标准

服务效率标准指在对客服务中建立服务的时效标准，以保证客人得到快捷、有效的服务。例如，客房服务中心接到客人要求服务的电话后，3分钟内必须为客人提供服务；客人交付洗烫的衣物必须在24小时以内交还等。

3.服务设施、用品标准

服务设施、用品标准指酒店对客人直接使用的各种设施和用品的质量与数量做出严格的规定。设施和用品是酒店服务产品的硬件部分，其使用标准制定的高低直接影响到客房服务的质量水平。如果客房中的一次性牙刷和牙膏质量低劣，客人往往会在使用这些劣质用品时对酒店整体的质量水平产生怀疑和不满。

4.服务状态标准

服务状态标准指酒店针对给客人所创造的环境状态、设施使用保养水平提出的标准。例如，客房设施应保持完好无损，所有电器可以正常使用，卫生间24小时供应热水，地毯无灰尘和无霉变。

5.服务技能标准

服务技能标准指客房服务员所应具备的服务素质和应达到的服务等级水平以及语言能力，规定服务人员所应具有的服务经验和所应掌握的服务知识，规定特定岗位上的服务人员能够熟练运用的操作技能。如一名客房清扫员应该能在30分钟左右完成一间标准客房的清扫工作。

6.服务规格标准

服务规格标准指酒店对各类客人提供服务所应达到的礼遇标准。例如，规定对入住若干次以上的常客提供服务时必须称呼客人姓名；对入住豪华套房的客人提供印有客人烫金姓名的信纸信封；VIP客人的房间要放置鲜花、果篮。

7.服务质量检查和事故处理标准

服务质量检查和事故处理标准是为了贯彻执行前述服务标准而制定的，也是酒店服务质量的必要组成部分。发生服务质量事故，酒店一方面要有对员工的处罚标准；另一方面也要有事故处理的程序和对客补偿、挽回影响的具体措施。

四、客房服务质量的控制

客房服务质量的控制主要可从服务准备过程、对客服务过程、服务结束过程三大环节着手。

（一）服务准备过程的质量控制

服务准备过程的质量控制也叫事前控制，即以"预防为主"为原则，做好充分准备，确保在宾客到来之前有备无患，主要包括精神准备和物质准备。前者是指服务员工作前必须精神饱满，着装整洁，转换角色，必要时要事先了解客人的身份、生活习惯等，以便有针对性地提供服务。后者是指服务员要检查客人即将入住的房间，看是否完全符合出租质量标准。如果清扫客房卫生，则要事先准备好工作车、清扫工具、换用的客房布草和客房用品等。

案例精选 5-2
酒店之十个细
节创新服务，
酒店人该
学习

（二）对客服务过程的质量控制

对客服务过程的质量控制也叫事中控制。客房产品生产和消费的同步性决定了服务过程中的任何环节都要确保零差错，管理人员必须按服务规范和服务标准，通过服务现场的巡视管理，严格检查各环节服务质量，发现问题及时纠正，并避免问题重复出现；对一些薄弱环节要实行重点控制；已制定的服务规范和标准必须严格执行，不能束之高阁，做到防微杜渐，减少服务差错。

（三）服务结束过程的质量控制

宾客体验 5-1

服务结束过程质量控制也叫事后控制。管理人员应根据服务质量信息，即服务质量管理的结果，对照客房服务质量标准，找出质量差异，并分析产生差异的原因，提出有效的改进措施，纠正未来的服务质量管理工作，确保客房服务质量管理工作的良性循环。如果发现是服务质量标准本身存在问题，也要认真研究后修订，确保服务质量标准的严密性与合理性。收集服务质量信息可通过征求宾客意见等方法进行，如果客人有投诉，要妥善及时地处理，确保宾客满意。

日本酒店十大
不可思议的细
节，住过一次
的人，都被惊
艳到了

在客房服务质量控制工作中，主管、领班的作用至关重要。要充分调动基层管理人员对服务质量管理的积极性，把好客房服务质量关。

微课视频 5-1

五、宾客投诉的处理

（一）宾客投诉产生的原因

宾客投诉的
处理

就客房部而言，投诉的产生通常有以下几个方面的原因：

1.客房硬件设施不达标准或出现故障

客人都有一种等值消费的心理，即花了多少钱就应得到相等的硬件和软件服务，而对房间设施设备的等值评估是最基本的。如果所住的房间设施陈旧、家具破损、空调不灵等，则客人的不满情绪是难以控制的。客房的设施设备是为客人提供服务的基础，设施设备出故障，服务态度再好，也无法弥补。我国一些饭店同国际饭店相比，存在的突出问题之一就是设施设备保养不善，这不仅造成饭店的经营成本上升，而且严重地影响了对客服务的质量，很容易引起客人的投诉。

2.客房服务员的素质和效率低

（1）客房清洁卫生不达标准。统计资料表明，有关卫生问题的投诉占了总投诉的30%左右。尤其是主要接待外宾的饭店，客人对卫生方面的要求相当高，房间整理是否及时、卫生是否符合标准，稍有偏差都会引起客人不满。

（2）服务员待客不一视同仁、不礼貌。客人都有希望被人尊重的心理需求，如果让客人感到自己不受重视，抱怨乃至抗议便在所难免。

（3）服务员动用客人物品。服务员在服务工作中有意、无意地挪动或使用了客人的物品，都会令客人反感，尤其是一些生活上非常仔细的客人。这类事件的投诉率也是比较高的。

（4）客人休息时受到噪声干扰。客房主要是供客人休息的，服务员工作中的说笑声过高，房间隔音效果不好，相邻客房互相干扰等，都是此类投诉的根源。

3.饭店管理不善

（1）客人物品丢失或被盗。这实际上是一个客房安全管理的问题。物品丢失或被盗，无论该物品的贵重程度如何，对客人来说都可能是刻骨铭心的，影响很坏。

（2）客衣洗涤事故。这类投诉主要包括：客衣丢失，衣物被损坏，客衣口袋内的贵重物品丢失等。

（3）客人对饭店有关政策规定不了解或误解。有时候，饭店方面并没什么过错，之所以投诉是因为客人对饭店有关政策规定不了解或误解，在这种情况下，要对客人耐心解释，并热情帮助客人解决问题。

4.客人方面的原因

客人因多种原因，有意、无意带走或损坏了房间的固定物品，服务员发现后通过正常途径请客人赔偿，为此而引发的投诉纠纷也是很多的，尤其是一些中、低档饭店。

5.外国客人对我国饭店客房常见的投诉

我国饭店与国际先进饭店相比，在硬件方面和软件方面都有一定的差距，常常引起国际旅游者的投诉。此外，由于东西方文化的差异以及我国很多饭店从业人员缺少服务意识，也常常引起外国客人的投诉。

（1）饭店内的公共洗手间的清扫员要分性别。"男洗手间应由男性清洁员来清扫，我走了几家饭店，都是由上了年纪的女士搞清洁卫生。"外国客人不习惯，有的客人甚至吓得退了出来。饭店要按国际习惯办事。

（2）闭路电视节目不准确，没法收看。一是节目单是中文的，外国客人看不懂；二是即使是英文的，但节目单与指定的频道不符。希望饭店能每天为客人调整到位。有的饭店有两条闭路电视，最好一条能放英文的，以满足外国客人的需要。拉萨假日饭店这一点做得很好。"听说国内客人经常自己乱调，建议调整好以后，干脆用透明胶纸粘死。我住的有些饭店就是这么办的。"

（3）客房没有冰块供应。"我们美国人冬天都要吃冰块，更不要说夏天了。希望客房里能有冰块供应，至少大堂里应该有。这是美国人的基本生活需要。这与你们中国人爱喝茶是一样的道理。"

（4）卫生间及卧室有毛发。"客人走进给他安排的房间，如果发现毛发，那是不能容忍的，将会认为'极不卫生'，但你们好多饭店对此并不在乎，枕头上、被子上、地毯上、浴缸边经常可见毛发。"

（5）酒店没有无烟区和无烟客房。"中国人抽烟太厉害，我们西方国家在公共场所很少有抽烟的。希望中国的饭店在大厅和餐厅里专门辟出一块无烟区。有的客房一进门，一股残留的烟味便扑面而来，我无法忍受，只能换房。"

（6）商务客房多是灯光暗淡。"我是常驻商务代表，每天办公到深夜（不仅仅只是写东西）。但住了许多饭店，商务客房多是灯光昏暗。你们对这些客房应该按办公室的要求来调整灯光，增强亮度。"

（7）酒店工作人员大声喧哗。"在酒店内任何地方，从总经理到服务员讲话都要注意轻声，切忌大声喧哗。在饭店里大嗓门讲话，会给客人留下不文明的印象。国外公共场所都是轻声讲话，这也是个礼貌问题。但在中国很多饭店，工作人员大声喧哗的现象较为普遍。

（8）酒店服务要有明确的时间观念。外国人时间观念极强，很守时。饭店一切服务都应有明确的时间观念。如有意外服务或特殊要求，尽量少用"一会儿""马上""等等再说"之类模糊的字眼，要明确告诉客人多少时间内提供，而且说到做到。贻误时间，欧美和日本客人尤为恼火。

以上客人投诉与问题在我国很多酒店都带有普遍性，应该引起我国酒店管理人员的高度重视，使我国酒店业尽早与国际酒店业接轨。

（二）对宾客投诉的认识

投诉是沟通酒店管理者和顾客之间的桥梁。对客人的投诉应该正确认识。投诉不是一件好事，它可能会使被投诉的对象（有关部门或人员）感到不愉快，甚至受惩，接待投诉客人也不是一件令人愉快的事，对很多人来讲，是一种挑战。但投诉也是件好事，是一个信号，可以告诉我们酒店服务和管理中存在的问题。形象地说，投诉的顾客就像一位医生，在免费为酒店提供诊断，以使酒店管理者能够对症下药，改进服务和设施，吸引更多的客人前来投宿，因此，服务人员及管理阶层对顾客的投诉必须给予足够的重视，对客人的投诉持真诚的欢迎态度。

对酒店来说，客人投诉的意义表现在以下几个方面：

1.帮助酒店发现存在的问题

酒店的问题是客观存在的，但管理者不一定能发现。原因之一是，"不识庐山真面目，只缘身在此山中"。管理者在一个酒店一工作就是几年，甚至几十年，长期在一个环境工作，对本酒店的问题可能会视而不见、麻木不仁，而客人则不同，他们付了钱，期望得到与他们所付的钱相应的服务，他们也可能住过很多酒店，某个酒店存在的问题在他们眼里可能一目了然。原因之二是，尽管酒店要求员工"管理者在和不在一个样"，但事实上，很多员工并没有做到这一点。管理者在与不在截然不同。因此，管理者很难发现问题。客人则不同，他们是酒店产品的直接消费者，对酒店服务中存在的问题有切身的体会和感受，因此，他们最容易发现问题，找到不足。

2.改善宾客关系

客人的投诉，为酒店提供了一个改善宾客关系的机会，使酒店能够将"不满意"的客人转变为"满意"的客人，从而有利于酒店的市场营销。研究表明，"使1位客人满意，就可招揽8位顾客上门，如因产品质量不好，惹恼了1位顾客，则会导致25

经验分享 5-1

酒店顾客点评
回复技巧大全：
你关注我关心

职业前沿 5-1

面对恶性竞争
与恶意差评，
怎么办

位客人从此不再登门"，因此，酒店要力求使每一位客人都满意。客人有投诉，说明客人不满意，如果客人不投诉或投诉没有得到妥善解决，客人将不会再入住该酒店，同时也意味着失去25位潜在客人。无疑，这对酒店来说是个巨大的损失。通过客人的投诉，酒店可以了解到客人的"不满意"，妥善处理客人投诉，消除客人对酒店的不良印象，减少负面宣传。

3.有利于酒店改善酒店服务质量，提高管理水平

酒店可通过客人的投诉不断地发现问题、解决问题，进而改善服务质量，提高管理水平。因此，可以这样认为，处理好客人的投诉是一项不需要饭店花钱的投资。

（三）做好接待投诉客人的心理准备

1.树立"客人总是对的"的信念

一般来说，客人来投诉，说明我们的服务和管理有问题，而且，不到万不得已或忍无可忍，客人是不愿前来当面投诉的，因此，首先要替客人着想，树立"客人总是对的"的信念，换一个角色想一想：如果你是客人，在酒店遇到这种情况，你是什么感觉？更何况，在酒店业，乃至整个服务业，我们提倡在很多情况下，"即使客人错了，也要把'对'让给客人"。只有这样，才能减少与客人的对抗情绪。这是处理好客人投诉的第一步。

2.要掌握投诉客人的三种心态，即求发泄、求尊重、求补偿

投诉客人通常有三种心态：一是求发泄，客人在酒店遇到令人气愤的事，不吐不快，于是前来投诉；二是求尊重，无论是软件服务，还是硬件设施，出现问题，在某种意义上都是对客人不尊重的表现，客人前来投诉就是为了挽回面子，求得尊重（有时，即使酒店方面没有过错，客人为了显示自己的身份或想在他人面前"表现表现"，也会投诉）；三是为了求补偿，有些客人无论酒店有无过错，或问题是大是小，都可能前来投诉，其真正的目的并不在于事实本身，也不在于求发泄或求尊重，而在于求补偿，尽管他可能一再强调"并不是钱的问题"。

因此，在接待投诉客人时，要正确理解客人、尊重客人，给客人发泄的机会，不要与客人进行无谓的争辩。如果客人投诉的真正目的在于求补偿，则要看看自己有无权利这样做，如果没有这样的授权，就要请上一级管理人员出面接待投诉客人。

六、培养忠诚客户

饭店业中有一条重要的法则：80/20法则，即企业80%的利润是由20%的回头客所创造的，可见，常客是饭店经济效益的重要来源。据统计，挖掘一名新客人要比留住一名现有的客人多花5倍的费用，所以，对于饭店来说，培养忠诚的客人是一件比较划算的事情。那么，怎样培养忠诚的客人？

（一）给予客人个性化的认知

饭店服务有三句话：

经验分享5-2

酒店投诉处理
基本攻略

案例精选5-3
泰国曼谷酒店

拓展阅读5-3
斯塔特勒服务
准则

案例精选5-4
服务创新——
海尔洲际酒店
个性化服务案例

（1）每个人和所有的人都一样——顾客的共性需求特征；

（2）每个人和一部分人都一样——顾客的群体需求特征；

（3）每个人和所有的人都不一样——顾客的个性需求特征。

给予客人个性化的认知即不仅仅将所有的客人都当作一样的宾客来对待，要把他们当作是不一样的客人，每位客人都有各自不一样的服务需求，要为他们提供灵活的、个性化的服务，使他们感到自己在这个饭店很重要，受到重视。比如，女性宾客对客房墙壁颜色、备品等就有与男性宾客完全不同的需求；会议型宾馆的会务组客房打扫的次数和备品数量的需求就和普通会议参加者的需求不同。

（二）预见客人的服务需求

不是被动地对客人的需求做出反应，而是预见客人的需求，把服务工作做在客人开口之前。比如，有些商务性宾馆的客房服务非常细致，考虑到客人工作比较劳累，在房间休息时间有限，有时发现客人的袜子放在卫生间或地板上，就主动为客人洗好。

（三）灵活服务

客房服务人员应该有这样一个共识：饭店的规定是让员工遵守的，在对客服务中，我们不可以强行让客人同我们一起执行饭店的规定。例如，很多饭店对客房开夜床的规定是：如果住一位客人，开靠卫生间一张床。为什么不开靠窗户的那张床呢？答案是欧美国家的客人都喜欢睡靠卫生间的床。可是在实践中如果仔细加以留意，就会发现许多客人都不愿意睡靠卫生间的那张床，这样，客房服务员就要主动调整，毕竟强行要求客人执行饭店的规定是不会让客人愉悦的。

（四）服务补救

当饭店服务传递系统出现故障时，服务补救就显得格外重要。

1.服务补救的定义

服务补救是一种管理过程，它首先要发现服务失误，分析失误原因，然后在定量分析的基础上，对服务失误进行评估并采取恰当的管理措施予以解决。

服务补救与传统意义上的投诉处理不同，投诉处理关注的是内部效率，尽可能地以较低成本来解决宾客投诉；服务补救则不同，它关注的是外部效率，着眼于与顾客建立长期的关系，而不是短期的成本节约。

2.服务补救的好处

客房服务补救是客房部对服务失败或者宾客不满意所采取的应对行动，目的是希望宾客能重新评价服务质量，避免负面宣传，留住宾客。服务补救是服务业中新的管理哲学，它把赢得宾客满意从成本层面转变为价值层面。服务补救给饭店带来的好处是：

（1）提高宾客的满意度。

宾客遭遇服务失败是一件非常扫兴的事情，它破坏了宾客美好的消费经历，降低了对服务质量的评价。服务补救从另一个角度审视问题，可以把坏事变成好事，重新树立饭店的形象。

（2）再次与宾客建立良好关系。

服务补救是客房服务失败后与宾客的再一次沟通，由于服务补救体现了对宾客的尊重，重新向宾客做出承诺，不但不会破坏与宾客的关系，反而会因为饭店的诚心巩固了与宾客的关系。

（3）避免宾客对饭店的负面宣传。

对饭店而言，公众的口碑宣传不但是有效的营销渠道，而且对树立企业的形象至关重要。对饭店服务特别满意的宾客不仅成为饭店的忠实客人，而且会进行免费宣传。反之，对服务不满意的顾客也会向别人倾诉自己的遭遇，使饭店的形象遭受损害。

（4）有利于饭店服务的改进。

饭店服务传递过程是一个非常复杂的系统，经常会因各种原因造成服务质量问题。服务补救有助于饭店寻找让客人满意的方法。每一次的服务补救都是饭店服务改进的过程。

（5）激励员工提供卓越的服务。

服务的失败不但会打击员工的情绪，而且会干扰下一次的服务活动。采取恰当的服务补救措施，会激励员工努力提供更好的服务，在丽思·卡尔顿饭店，当员工服务失败后，管理者的职责不是责备员工，而是帮助他们分析问题，找出解决问题的方法，尽力使宾客满意。

3.服务补救的方式

美国服务业质量管理奖的获得者Patrick Mene，总结了"1∶10∶100"的服务补救法则，即出现服务失误后，当场补救可能要使企业支出1美元，第二天补救要支出10美元，以后再去补救，费用会上升到100美元。这是对服务补救经济意义的最好诠释。因此，饭店必须借助不间断的服务监控系统，及时发现服务失误，快速、有效地解决服务失误，并从质量问题和服务补救中吸取经验教训。宾客所期望的服务补救的基本步骤与方式见表5-1：

表5-1　　　　　　　　　饭店服务补救的基本程序与方式

基本程序	补救方式
道歉	亲自道歉，即使服务失误不是由饭店造成的。但注意，很多情况下仅仅道歉是远远不够的
合理赔偿	由与宾客接触的员工当场对宾客做好合理的补偿
善待宾客	真诚对待提出投诉的宾客，主要是安抚遭遇不好服务体验的宾客情绪
超值补偿	把宾客认为有价值的东西送给宾客（有些情况下合理补偿即可起到这种作用）
遵守诺言	与宾客接触的员工对服务补救中所做出的承诺都要保证兑现

任务实施 ◉◉

步骤 1：注意倾听，永远不要与客人争辩

客人投诉时，一般都非常激动，情绪难以控制。所以受理人首先一定要自己保持冷静，耐心地倾听，以便让客人"降温"，要正确理解客人、尊重客人，给客人发泄的机会，不要与客人进行无谓的争辩。在这个时候，只要有一点点的争辩，都会引起客人极大的不满，给投诉的顺利处理带来麻烦。

步骤 2：同情客人，维护客人的自尊心

要掌握投诉客人的三种心态，即求发泄、求尊重、求补偿。受理人要注意把握客人的心理，善于站在客人的立场看问题，千万不要认为客人小题大作。当客人投诉时，受理人要先致歉，也可用"您的心情我理解""我也曾经遇到过这种情况……""如果我是您，我也会感到不平和不满意"等话语。这样，会使客人感觉受到尊重，自己的投诉并非无理取闹，同时也使客人信赖饭店的工作人员，把处理投诉的工作人员看成他们利益的代表，以获得客人的认同，从而减少对抗情绪。

步骤 3：以解决问题为中心

处理投诉一定要着眼于问题的解决，而不是责任的追究。如果追究责任，会让客人觉得好像饭店在为发生问题寻找借口，从而引起连锁反应，为最终处理带来不利影响。

步骤 4：做好记录

当客人投诉时，受理人一定要认真做好记录。这样做一方面会让客人觉得你很重视他的投诉，心理得到安慰；另一方面也为后面的处理寻找文字依据，因为口说无凭的东西处理起来总是比较困难的。

步骤 5：足够重视，尽快处理

客人投诉后，最终是要得到一个结果的，因此，情绪控制得再好，说得再好，承认得再好，最后还是要落到实际行动上。对客人的投诉，处理得越快越好。不及时处理，往往会让客人觉得饭店没有诚意，而有一种被欺骗的感觉。

步骤 6：信息反馈

当投诉处理完，客人回去以后，如果饭店进行及时的跟踪反馈，打电话再次征求客人对投诉的处理是否满意，以及对饭店的其他建议和意见，或用书面资料向客人表示进一步的歉意等，往往能起到意想不到的效果。

任务评价 ◉◉◉

宾客投诉处理评价标准见表 5-2。

表 5-2　　　　　　　　　　　宾客投诉处理评价标准

考核项目	评分标准	分值（分）	得分（分）
受理投诉	态度和蔼，讲究礼貌	5	
	避免在公众场合处理	5	
耐心倾听	稳定客人情绪，避免吵闹	5	
	问清客人姓名、房间号	5	
	专心聆听，不随便打断，不急于辩解	5	
记录要点	使用纸、笔认真记录	5	
	内容记录完整、准确	5	
感受客人的心情	向客人致歉	5	
	对客人的经历表示同情	10	
	提问时措辞、语气适当	10	
	事实弄清之前不轻易做出承诺	5	
解决问题	能解决的问题及时解决	10	
	超出职权范围的问题请示后再给客人答复，并明确处理问题的时间	10	
关注处理结果	对于处理结果核查落实	5	
	与客人再次沟通，表达歉意，寻求谅解	5	
记录存档	投诉处理过程、结果及时汇总并存档	5	
总分		100	

● 任务二　卫生质量控制

任务导入

　　你是客房部领班，请对你所负责的 16 层 A 区的 OK 房进行卫生质量检查，及时记录发现的问题，填写"客房卫生检查报告"。

相关知识 ◉

　　为了使饭店的清洁保养工作做到有章可循、有据可依，客房部应根据清洁保养的区域范围、设备设施配置状况、各种设施材料的特点，制定科学合理的清洁保养规程与质量标准。

拓展阅读 5-4
国外酒店遇到
客房清洁问题
是如何处理的

知识链接 5-1

如何提高酒店
客房卫生管理

一、制定科学的清洁保养规程与标准

制定科学的清洁保养规程就是指工作的程序和规则，即工作的具体步骤、方法和要求等。它是饭店进行清洁保养质量控制的依据，也是进行规范化、制度化管理的基础。制定的规程与标准应尽可能详细、具体，可操作性要强，同时要方便客人、方便员工、方便管理。具体可从日常清洁保养和周期性清洁保养两方面抓起。

（一）制定客房日常清洁保养规程

客房区域日常清洁保养规程应包括：客房清扫准备规程、进房规程、客房清扫的基本程序、不同状态客房（走客房、住客房、空房等）的日间清扫规程、客房晚间整理（夜床服务）规程、客房及用品消毒规程等方面的内容（具体可参见项目二的有关内容）。

（二）制定合理的周期性清洁保养规程

在日常清洁保养的基础上做好科学的周期性清洁保养工作，既可确保饭店清洁保养的质量，又可在一定程度上实现部门的成本控制，可谓一举两得。

二、制定卫生质量标准

（一）卫生质量标准的适用性

为了把好客房清洁卫生质量关，客房部要以本饭店的经营方针和市场行情为依据，力求使所制定的标准符合饭店的实际情况，符合服务和科学管理的要求，并适用于所有客房。

（二）卫生质量标准的内容

1.客房清扫整理的次数

一般来说，客房清扫整理的次数适当增加，表示服务规格较高，但要与饭店的实际情况相适应。目前，我国一些饭店采用的是二进房制（即白天的大清扫和晚间的夜床服务），如果客人需要整理房间，客房部也要尽量满足其要求。

2.布置规格

布置规格是指客房的布置要求。客房内所配置的设备和用品在品种、数量、规格、质量以及摆放的位置和形式等方面都应有统一的要求，做到规格一致、标准统一。许多饭店都用表格和图片的形式来规定和解释这一标准，使标准容易被员工理解和执行。

3.工作定额

客房的清洁保养工作通常实行定额管理，即规定各类客房的清扫整理工作的时间消耗指标或者规定客房服务员所承担的客房清扫整理的工作量。

4.操作程序和标准

操作程序是经验的总结。按照程序操作，能够使工作有条不紊，避免时间和体力上的浪费，提高操作的安全性。同时，也便于管理人员对工作过程的检查和控制。客房清扫整理工作的操作程序主要包括各项具体工作的操作步骤、标准做法、要求和注意要点等内容。

5.清洁标准

清洁标准一般包括两个方面：生化标准和视觉标准，应该做到：①眼睛看到的地方无污渍；②手摸到的地方无灰尘；③设备用品无破损、无污渍；④空气清新无异味。具体的客房清洁卫生质量标准见表5-3。

表5-3　　　　　　　　　　　　客房清洁卫生质量标准

项目	位置	标准
卧室	门框	无积尘、无污渍
	过道顶板	无灰尘
	新风口	无灰尘
	电冰箱内外	无积尘、无杂物
	电视机转盘	无积尘
	玻璃窗	无灰尘、无污渍、无水迹
	家具缝、沙发缝	无灰尘、无杂物
	地毯、家具四周	无积灰、无杂物
	床底	无灰尘、无毛发、无杂物
	壁橱顶	无积尘
卫生间	浴缸内外	无污渍、无水迹、无毛发
	门框	无积灰、无污渍
	金属器具	无污渍、无水迹、光亮
	恭桶内外	无污渍、无尿碱
	水箱内外	无泥沙、无积污
	墙面四周	无污渍、无水迹
	天花板	无黄斑、无灰尘
	地漏	无污渍、无毛发、无异味

三、建立检查制度

检查客房又称查房。客房的逐级检查制度主要是指对客房的清洁卫生质量检查实行领班、主管及部门经理三级责任制，也包括服务员的自查和上级的抽查。采用逐级检查制度是确保客房清洁的有效方法。

（一）检查的体系

1.客房服务员自查

客房服务员每整理完一间客房，都应对客房的清洁卫生状况、物品的摆放和家具设备是否需要维修等做自我检查。客房服务员自查应在客房清扫程序中加以规定。

（1）自查的意义。

①加强客房服务员的责任心和检查意识；

②减轻领班查房的工作量；

③提高客房的合格率。

（2）检查的方式。

采用边擦区域灰尘边检查的方式，同时在清扫房间完毕、准备关门前，应对整个

知识链接 5-1
酒店客房卫生
自查 170 项

经验分享 5-1
谈谈领班查房
技巧

房间进行一次回顾式检查。

（3）检查的侧重点。

客人直接使用和能看到的地方和用品，消耗品及家具设备是否按布置规格定量、定位。

2. 领班普查

领班普查是客房服务员自查之后的第一关，常常也是最后一关。因为领班负责OK房的报告，总台据此就可以将该客房向客人出租。客房部必须加强领班的监督职能，让其从事专职的客房及楼面的检查和协调工作。有的饭店既让楼层领班担负客房清扫的检查工作，又给其规定一定数量的客房清扫任务，往往使检查流于形式。

（1）领班查房的意义。

①确保客房清扫质量；

②现场督促指挥；

③执行上级的管理意图；

④反馈信息；

⑤查漏补缺。

（2）领班查房数量。

①关于领班查房数量，不同的饭店有不同的规定。例如，有的饭店规定，日班领班一般应负责60~80间客房的工作区域，每天要对负责的全部客房进行检查并保证清洁质量。有的饭店领班工作量较重，要负责带6~8名客房服务员，检查80~100间客房。

②夜班领班的工作量一般为日班领班工作量的2倍，要负责120~160间客房的工作区域。

（3）查房的方法。

①每天例行检查时，查到哪个房间，负责该客房的客房服务员要陪同，接受检查。

②按清洁卫生的操作程序逐个检查，不漏项，不留死角。

③边检查，边提问，边讲评。

④发现问题，当场指出，及时纠正，给予现场指导。现场指导时，应按如下方法进行：

◇对环境不熟悉的客房服务员，既要讲解清洁卫生标准，又要讲解具体操作方法，使服务员懂得为什么这样做，怎样去做好。

◇发现问题后，要指出为什么不符合标准，应当怎么纠正，达到什么要求。

◇针对客房服务员的具体情况，既要指出不足，又要肯定成绩和进步，激励他们积极向上。

◇开返工单要慎重。开返工单是变相的小处罚，对点点滴滴的问题当场指出及时纠正即可，不一定要开返工单。因清洁工作大部分不合格一定要开返工单的，一定要讲清道理，耐心地教育，使服务员心服口服。

案例精选 5-2

OK 房不 OK

◇查完客房以后，领班负责根据查房结果填写"客房服务员工作考核表"，如有必要可召集客房服务员，进行简短的讲评，肯定成绩和进步，提出共同存在的问题，提出改进意见。

（4）普查与抽查的房间。

①日班领班必查的房间。

◇首先检查那些已列入预订出租的房间；

◇尽快对每一间整理完毕的走客房进行检查，合格后尽快向总台报告；

◇检查每一间空房和VIP房；

◇检查每一间维修房，了解维修进度和家具设备情况；

◇检查每一间外宿房并报告总台。

②日班领班抽查的房间。

日班领班原则上应对其所负责的全部房间进行普查，在特殊情况时才需要对下列房间进行抽查：

◇住客房；

◇优秀客房服务员负责清扫的房间，以示鞭策和鼓励。

③夜班领班的查房。

夜班领班查房的重点是对其负责区域的每一间空房、夜间清扫完毕的走客房以及维修房进行检查，同时抽查夜床服务情况。夜班领班还要负责对楼面公共卫生、安全情况以及夜班服务员工作状况进行检查。客房部经理要充分发挥夜班领班的作用。

④检查的方法。

◇查房时应按唤醒路线循序渐进，发现问题及时记录和解决；

◇注意对新客房服务员进行跟踪检查，只要领班的工作方法得当，这种检查就可以起到在职培训的效果；

◇领班查房时，对客房服务员清扫客房的漏项和错误，应开出"客房检查返工单"，令其返工。

3.主管检查

客房主管是客房清洁卫生任务的主要指挥者。主管只说不做不行，只做不说也不行。加强服务现场的督导和检查，是客房主管的主要职责之一。

（1）主管抽查数量。

楼层主管对客房清洁卫生质量实行抽查，数量一般为领班数量的15%~20%。

（2）检查的重点。

主管检查的重点是：

①检查领班实际完成的查房数量和质量；

②抽查领班查过的房间，以观察其是否贯彻了上级的管理意图；

③检查领班掌握检查标准和项目的宽严尺度是否得当；

④主管在抽查客房卫生的同时，还应对客房楼层公共区域的清洁、员工的劳动纪律、礼节礼貌、服务规范进行检查，确保所管辖区域工作的正常运转。

业务表单5-1

客房服务员
工作考核表

业务表单5-2

客房检查返
工单

推荐视频5-1

每天两万步

（3）检查的方法。

①检查每一间 VIP 房；

②抽查常住房、OK 房、住客房和大清扫房；

③检查每一间维修房，促使其尽快投入使用。

客房的设备设施是否齐备完好，客房用品是否舒适美观，都是衡量一家饭店档次和服务管理水平的重要标志。客房设备的维护保养，也是客房部管理工作的一项重要内容。

案例精选 5-5 没有补上的洗衣袋

（二）检查的方法

为提高客房检查的效率，保证客房检查的效果，酒店各级人员查房时应通过看、摸、试、听、嗅等方法对客房进行全方位的检查。

（1）看：看是检查客房的主要方法，查房时，要查看客房是否清洁卫生，客房物品是否配备齐全并按规定摆放，客房设备是否处于正常完好状态，客房整体效果是否整洁美观。

（2）摸：查房时，对客房有些不易查看或难以查看清楚的地方，如踢脚线、边角旮旯等，需要用手擦拭，检查是否干净。

（3）试：客房设施设备运转是否正常、良好，除查看外还需试用，如试用客房电话机是否正常通话、水龙头是否出水、打开电视机看图像是否正常等。

（4）听：客房内噪声是否在允许范围内，日常检查主要靠听来判断，无法判断的再借助于相关仪器检测。另外，检查客房设施设备，在看、试的同时，还需用耳听是否有异常声响，如卫生间水龙头是否有滴、漏水声，空调噪声是否过大等。

（5）嗅：客房内是否有异味、空气是否清新，需要靠嗅觉来判断。

推荐视频 5-2

（三）检查的内容和标准

查房时按一定程序进行，查房的基本程序是：按顺时针或逆时针方向，循序检查，依次检查，避免遗漏，提高速度，客房检查的标准应根据客房清洁保养的质量标准进行分解、细化。

有吃有喝有得玩，号称史上最舒服的工作：酒店试睡员

任务实施

步骤 1：进入房间

按照进房规范进入客房。

步骤 2：检查房门

检查房门是否完好；房号牌是否端正、清洁、完好；门铃和门锁、指示灯是否使用正常；安全疏散图是否清洁完好。

步骤 3：检查灯具

打开所有电灯开关，查看电灯是否正常工作。

步骤 4：检查壁橱

检查壁橱是否完好，开关是否灵便，照明是否正常，物品是否配备齐全且按规格摆放。

步骤5：检查吧台及小冰箱

检查吧台是否清洁无尘、无渍；物品配备是否齐全且按规格摆放；小冰箱是否使用正常、清洁无污渍。

步骤6：检查家具

检查写字台、行李柜、电视机等家具是否清洁完好，所有物品是否配备齐全且按规格摆放。

步骤7：检查电视机

检查电视机是否无尘、使用正常且调至规定的频道、音量。

步骤8：检查垃圾桶

检查垃圾桶内外是否清洁，垃圾袋是否已更换。

步骤9：检查落地灯

检查落地灯是否使用正常、清洁完好。

步骤10：检查窗帘

拉动窗帘绳，检查窗帘是否活动自如、清洁完好。

步骤11：检查茶几

茶几及物品摆放是否规范、清洁整齐。

步骤12：检查床铺

检查床铺是否符合标准、床底是否有杂物和客人遗落的物品。

步骤13：检查床头柜

检查床头柜上物品的摆放是否规范，是否无尘、无渍；电话功能是否正常。

步骤14：检查空调

检查空调是否使用正常。

步骤15：查看墙壁与天花板

墙壁与天花板是否洁净、无破损。

步骤16：检查卫生间

检查卫生间门是否清洁完好；大理石台面及镜面是否清洁无污渍，物品配备是否齐全、摆放规范；恭桶是否清洁，使用是否正常；浴缸（房）、皂缸、瓷壁是否清洁无渍；各类毛巾是否齐全且按要求叠放；垃圾桶内外是否清洁且已更换垃圾袋；人体秤是否清洁、完好，称量是否准确；地面、墙面、天花板是否清洁；环视整个卫生间，确信无漏查项目后退出，门虚掩。

步骤17：记录

准确记录发现的问题。

步骤18：关门离开

轻轻将门关上。

步骤19：填写业务表单

按要求逐项填写相关业务表单。

任务评价 ◉◉◉

客房日常检查评价标准见表5-4。

表5-4   客房日常检查评价标准

考核项目	评分标准	分值（分）	得分（分）
准备工作	业务表单、工作夹、白手套等	10	
敲门进房	敲门通报、进房符合规范要求	10	
检查	检查时按照顺时针或逆时针方向进行	10	
	针对不同区域、不同设施设备及物品，采用看、摸、试、听、嗅相结合的方法进行全面细致的检查	30	
	查房业务熟练、规范	10	
	在检查过程中注意对问题的补救	10	
记录	检查问题记录描述清楚，文字简洁、工整	10	
	"客房卫生检查报告"填写清楚、准确，符合规范要求	10	
总分		100	

项目六　客房物资管理

● 项目描述

　　客房物资管理是客房管理人员控制和指导经营活动，特别是选择和控制设备用品的根据。良好的物资控制有助于部门经理为今后的工作做好详细规划，是提高客房物资设备用品使用水平、控制营业成本、提高设备完好率和加强客房部管理的重要措施。合理使用和妥善保养客房设备用品，可以保证客房处于正常完好的状态，延长设备的使用寿命，是客房设备管理的基本要求和重要措施。为了实现管理目标，该项目设置了客房设备管理、客房用品控制、客房布草管理三个学习任务。

◉ 学习目标

知识目标　　　1.了解客房设备分类与选择标准；
　　　　　　　2.熟悉客房设备的使用与保养要求；
　　　　　　　3.掌握客房布草的日常管理；
　　　　　　　4.掌握客房用品的消耗定额计算方法。

技能目标　　　1.能够正确使用并保养客房设备；
　　　　　　　2.能够正确进行客房布草和用品管理。

素质目标　　　1.培养学生正确进行酒店物资使用和管理的意识；
　　　　　　　2.培养学生的绿色环保理念。

◉ 任务一　客房设备管理

任务导入

　　某酒店1618号房间是酒店的行政套房。2018年2月25日，客房服务中心接到预订部电话，酒店的VIP客人John Smith先生将于2月27日抵达。根据接待规格，该房在接待Smith先生前需要对家具进行上蜡处理。假如你是客房服务员，请你完成此项工作。

相关知识 ◉

一、客房设备分类

　　客房设备主要包括家具、电器设备、卫生设备、安全装置及一些配套设施。

（一）家具

　　家具是人们日常生活中必不可少的主要生活用具。客房家具主要包括实用性家具和陈设性家具，其中以实用性家具为主，主要有床、床头柜、写字台、座椅、沙发、茶几、衣柜、行李架等。

（二）电器设备

　　客房内的主要电器设备包括：

　　1.照明灯具

　　客房内的照明灯具主要有门灯、顶灯、地灯、台灯、床头灯等。它们既是照明设备，又是房间的装饰品。

　　2.电视机

　　电视机是客房的高级设备，可以丰富客人的生活。

　　3.空调

　　空调是使房间保持适当温度和调换新鲜空气的设备。

　　4.音响

　　音响是供客人收听有关节目或欣赏音乐的设备。

　　5.电冰箱

　　为了保证客人的饮料供应，酒店通常会在客房内放置小冰箱，在冰箱内放置酒品饮料，方便客人随时饮用。

　　6.电话

　　客房内一般设两部电话，一部放在床头柜上，另一部装在卫生间，方便客人接听。

知识链接6-1
饭店常用空调的种类

（三）卫生设备

客房内的卫生设备主要由洗脸台、浴缸、恭桶、毛巾架、镜子、灯具、垃圾桶等组成。

（四）安全装置

为了确保宾客安全，客房内一般都装有烟雾感应器，门上装有窥视镜和安全链，门后张贴安全指示图，标明客人现在的位置及安全通道的方向。楼道装有电视监控器和自动灭火器。安全门上装有昼夜照明指示灯。

选择客房设备时应该选择技术上先进、经济上合理、符合酒店档次的最优设备，以利于提高酒店的工作效率和服务质量，满足宾客需求。每个酒店都要根据自身的特点，确定客房设备的选择标准，这是进行客房设备管理的基础。

二、客房设备选择的标准

（一）适应性

适应性是指客房设备要适应客人需要，适应酒店等级，与客房的格调一致，造型美观，款式新颖。

（二）方便性

方便性是指客房设备的使用方便灵活，简单易操作，同时易于维修保养、工作效率高。

（三）节能性

节能性是指能源利用的性能。随着水、电能源的日益紧张，人们的节能意识也在逐渐加强。酒店用电量、用水量都比较大，节电、节水成了大家比较关心的问题。在选择设备时，应该选择节能设备。

（四）安全性

安全是酒店客人的基本要求。在选择客房设备时，要考虑是否具有安全可靠的特性和是否装有防止事故发生的各种装置。此外，商家提供售后服务也是设备安全的重要保证。

（五）成套性

成套性是指各种设备的配套，以保持家具的一致性和外观的协调性。

（六）可发展性

为了配合新时代商务旅客对酒店服务的需要，酒店在选择设备时要综合考虑其经济性和发展性。

以上是选择客房设备要考虑的主要因素，对于这些因素要统筹兼顾，全面权衡利弊。

三、客房设备的维护保养

（一）家具的维护保养

客房家具多为木质家具，除了日常清洁外，更要注意定期保养，主要做到防潮、防水、防暴晒、防虫蛀，定期打蜡上光、轻搬轻放。床垫、沙发垫要定期翻转，保证受力均衡。

拓展阅读6-1

四季酒店设施
与用品人性化

拓展阅读6-2

IT颠覆住店
体验

推荐视频6-1
看看这个全新
的酒店，将会
告诉你下一代
酒店的客房是
什么样式的

拓展阅读6-3

科技在客房
中的运用

宾客体验6-1

日本帝国酒店
客房考察实录

1.床

（1）床架。

①保证牢固稳定。床架是床的支架，必须牢固稳定，能够承重受力。

②保持清洁。要保持床架的清洁，一是要防脏，二是要及时擦拭。为了防止床架被弄脏，可在床架上套上床裙，用床裙围护床架的四边。

（2）床垫。

①保持清洁。

◇ 在软垫上加铺褥垫。软垫上必须加铺一层吸水性好、易于洗涤的褥垫，这是保持软垫清洁的基本措施。

◇ 除尘除渍。服务员要经常使用吸尘器清除软垫上的灰尘。如果软垫上有污渍，要及时清除。清除软垫上的污渍时，要将床垫竖立起来，用软刷和合适的清洁剂擦洗，然后用干布吸去水分，再用电吹风机吹干或让其自然干燥。

②防止损坏变形

◇ 定期翻转，调换摆放。根据使用情况制订计划，定期翻转床垫，这样可使其各部位受力均匀，避免出现局部凹陷。为了有效地加以控制，通常要将床垫的两头和两面做上标记，并对每次的翻转进行统一的规定。一般的做法为：床垫使用前要对所有的床垫统一编号，每季度翻转一次。具体做法为：正面为单数，反面为双数，即床垫正面上方标号为"1"，床垫正面下方标号为"3"，床垫反面上方标号为"2"，床垫反面下方标号为"4"。翻转程序为：第一季度"1"在床头；第二季度"2"在床头；第三季度"3"在床头；第四季度"4"在床头。

◇ 注意检查，及时维修。服务员要经常检查软垫的面料、滚边有无破损，弹簧有无松动或脱落，发现问题及时维修。

◇ 注意防潮。潮湿会使床垫的弹簧锈蚀，使其他材料霉烂，因此，要注意防潮。一是不要人为地将水或其他溶液弄到软垫上；二是保持室内干燥，并经常让床垫通风透气。

2.沙发

（1）选用耐磨、易洗、色彩与客房相协调的面料制作沙发套，防止沙发表面被磨损和污染。

（2）在易脏部位放置坐垫，可起到保护和美化的作用。

（3）经常吸尘，及时除渍，定期清洗。

（4）经常翻转坐垫。

（5）如有损坏及时维修。

3.木质家具

（1）日常维护。

①防潮。木质家具受潮后容易变形、开胶和脱漆，因此，木质家具要避免在潮湿的环境中使用；如无法避免，客房内要有防潮措施。

②防热。木质家具过度受热后容易收缩、开裂，因此，要避免暴晒和烘烤，避免

微课视频6-1

床垫的维护
保养

推荐视频6-2
床垫保养有秘诀，专家给你支个招

推荐视频6-3
木质家具与藤制沙发夏日保养

推荐视频6-4
木质家具怎么保养

阳光直射，并远离暖气等热源摆放。

③防虫蛀。木质家具容易孳生蛀虫，因此要做好防虫蛀措施。

④防摩擦损伤。摆放在桌子、台子等家具上的用品底部必须光滑，不得有毛刺；使用杯垫、垫碟等防损伤物品。

⑤定期打蜡。使用专用的家具蜡涂擦家具，可以起到隔热防潮、防渗透、防止失去光泽、保持清洁明亮、清除轻微擦伤、降低灰尘附着力等作用，是木质家具的综合性保养措施。

（2）特殊斑迹的处理。

①结漆层已损坏的地方，应先进行处理后再上蜡。

②被香烟烤焦的地方，如只限于表面漆层，可用细砂纸蘸水后轻轻磨去污点，然后打上蜡。

③表面划伤而未深及木质的痕迹，可直接用上光蜡作局部抛光。颜色相近的鞋油也可以起到同样的作用。

④对热茶杯在漆层上留下的白圈痕迹，可用布摩擦。如痕迹仍未去掉，可将一块棉布在温水中浸后拧干，滴上几滴氨水涂擦，最后使用上光蜡抛光。

拓展阅读6-1
经济型酒店的设备配置与维修养护

（二）电器设备的维护保养

客房内的电器设备位置应摆放合理，与室内功能区协调，相互不干扰，始终处于正常使用状态。注意插头是否松动、使用中是否有异响、是否有漏电事故隐患。

1.电视机

电视机的安装、使用、保养和故障检修必须严格按照说明书的有关规定和要求进行。

（1）电视机应安放在通风良好的地方，距墙5cm以上，背对窗户，避免阳光直射到屏幕上。

案例精选6-1

一封传真

（2）电视机长期不使用时，需罩好。定期将罩子取下并给电视机通电，以去除机内潮气。夏季每月通电一次，每次两小时以上；冬季每3个月通电一次，每次3小时以上。

（3）电视机应用柔软的干布和中性清洁剂擦拭。

2.电冰箱

知识链接6-1

液晶电视保养小常识

（1）电冰箱长期不使用时，应拔下电源插头，取出食品，保持箱体内外干净；电源不能时通时断，要连续供电。冬季冰箱也不宜停用。

（2）阴雨天气及潮湿季节，空气中的水分会凝结成水珠附在冰箱外壳上，这是正常现象，只需用柔软的干布擦拭。

（3）经常清洁箱体内外，防止异味产生。内部附件及外表可用浸有温水或中性清洁剂的软布擦洗。塑料器件不能用开水和酸、苯等有机溶剂擦洗，以免老化变形。

（4）不要频繁开启冰箱门，开门次数要少、打开的时间要短。

（5）电冰箱确需停用时应采取如下保护措施：

①将温控器调节盘置于"0"或"MAX"（强冷）的位置，使温控器处于自然状态，延长其使用寿命。

推荐视频6-5
电视的注意事项及保养

②在密封条与箱体之间垫上纸条，防止互相黏连。

③每月开机一次，使压缩机运转30～60分钟。

3.空调

（1）定期清洁鼓风机和导管。

（2）每隔2～3个月清洗一次过滤网，保证通风流畅。

（3）定期给电机轴传动部位加注润滑油。

4.照明设备

（1）电线应保持表面无破损。

（2）擦拭灯罩尤其是灯泡、灯管时，需切断电源，用干的软布擦拭。

（三）卫生洁具的维护保养

客房内的卫生设备多为陶瓷、金属类产品，日常清洁中注意选用温和的清洁剂，以免破坏表面的光泽及腐蚀管道。

（1）经常擦洗，保持清洁卫生。

（2）擦洗时，一般选用中性清洁剂，切忌使用强酸或强碱，因为它们不仅会破坏卫生洁具瓷面的光泽，损坏釉质，还会腐蚀下水管道。

（3）防止水龙头或淋浴喷头漏水，发现情况及时报修。

（4）定期清洗洗脸盆、浴房下水塞及下水口，并杀菌消毒。

知识链接6-2

空调温度控制在几度最合适

推荐视频6-6 空调到底怎样用才最省电

推荐视频6-7 酒店公共卫生间洁具类金属表面日常维护与操作

任务实施

步骤1：准备工作

（1）准备抹布、上光蜡等清洁保养用的各种清洁用具；

（2）查看木质家具，确定其质地及将要采取的清洁保养措施。

步骤2：除尘

（1）用干净的抹布擦去家具表面的灰尘；

（2）擦拭时要将边角、抽屉等地方的灰尘擦干净。

步骤3：打蜡抛光

（1）将适量的上光蜡涂在抹布上；

（2）用抹布将家具蜡均匀地涂在家具上；

（3）用抹布按照一定顺序反复快速擦拭，对家具进行抛光，直到家具表面光亮为止。

步骤4：结束工作

（1）将家具放回原位；

（2）将家具上的物品恢复原位；

（3）将清洁工具收拾整齐。

任务评价 ◉ ◉ ◉ ●

木质家具上蜡操作技能考核评价标准见表6-1。

表6-1　　　　　　　　　　木质家具上蜡操作技能考核评价标准

考核项目	评价标准	分值（分）	得分（分）
准备工作	正确选择、使用家具打蜡所需的工具及蜡材	15	
家具打蜡	掌握家具打蜡的程序	20	
	动作熟练、规范	15	
斑迹处理	针对不同的斑迹，处理方法正确，有针对性	15	
整体效果	蜡层均匀、光亮	20	
	家具表面整洁、无尘、无污渍	15	
总分		100	

◉ 任务二　客房用品控制

任务导入

　　组织学生到星级酒店客房部调研，了解其客房用品的种类及管理方法，根据所学知识，找出该酒店客房用品管理方法中值得肯定的地方以及存在的问题。

相关知识 ◉

一、客房用品选择

　　不同档次的酒店所提供的日常客房用品是有差别的，因此在选择时务必要坚持以下五项原则：

　　（1）达标。选用的客房用品必须符合行业的相关标准。如星级酒店就必须按照中华人民共和国旅游行业标准《星级饭店客房客用品质量与配备要求》进行客房用品配置。

　　（2）实用。为满足客人旅居生活的需要，客房日用品种类必须齐全，做到物尽其用。

　　（3）美观。美观大方的日用品既能使客人赏心悦目，又能体现酒店的档次。

（4）适度。客房用品应能够体现酒店的档次并突出其风格，而不是种类越多越好。

（5）环保。客房用品涉及的品种多，使用的频率高、数量大，且这些一次性用品的成分多是塑料及其他化学物质，在自然界中降解速度非常缓慢，对环境造成了很大污染。这就需要酒店在购买日用品时要以环保为原则。

二、客房用品管理

（一）制定一次性消耗品的消耗定额

一次性消耗品消耗定额的制定方法，是以单房配备量为基础的，确定每天需要量，然后根据预测的年平均出租率来制定年度消耗定额。计算公式为：

$$A=b×x×f×365$$

其中：A为每项日用品的年度消耗定额；b为每间客房每天配备额；x为酒店客房总数；f为预测的年平均出租率。

例：某酒店有客房300间，年平均出租率为80%，牙膏、圆珠笔的单间客房每天配备额分别为2支、1支。求该酒店牙膏、圆珠笔的年度消耗定额。

根据上述公式计算得：

牙膏的年度消耗定额 $=b×x×f×365=2×300×80\%×365=17.52$（万支）

圆珠笔的年度消耗定额 $=b×x×f×365=1×300×80\%×365=8.76$（万支）

（二）制定多次性消耗品的消耗定额

多次性消耗品消耗定额的制定基于多次性消耗品的年度更新率。其定额的确定方法，应根据酒店的星级或档次规格，确定单房配备数量，然后确定其损耗率，即可制定消耗定额。计算公式为：

$$A=B×x×f×（1+r）$$

其中：A为每项日用品的年度消耗定额；B为每间客房每天配备额；x为酒店客房总数；f为预测的年平均出租率；r为用品的损耗率。

例：某酒店有客房400间，客房水杯单房配备1.5套，每套4只，预计客房平均出租率为75%。在更新周期内，水杯的损耗率为35%，问该酒店年度需要采购多少只水杯？

根据上述公式计算得：

水杯的年度消耗额 $=1.5×400×75\%×（1+35\%）=607.5$（套）

水杯年采购量 $=607.5×4=2\,430$（只）

三、客房用品控制

（一）客房用品的发放

客房用品的发放应根据楼层小库房的配备定额明确一个周期和时间。这不仅能方便中心库房的工作，也是促使楼层日常工作有条理以及减少漏洞的一项有效措施。在发放日期之前，楼层领班应将其所管辖楼段的库存情况了解清楚并填写"日常消耗品申领单"。凭申领单领取货物之后，即将此单留在中心库房以便作统计用。

业务表单6-1

日常消耗品
申领单

业务表单 6-2

每日楼层消耗品汇总表

业务表单 6-3

楼层日常消耗品月度用量汇总分析表

业务表单 6-4

每月客用品消耗分析对照表

业务表单 6-5

月度预算对照表

业务表单 6-6

控制对照表

（二）客房用品的日常管理

客房用品的日常管理是客房用品控制工作中最容易发生问题的环节，也是最重要的环节。

1.控制流失

（1）建立客用品领班责任制。各种物资用品的使用主要是在楼层进行的，因此，对客用品使用得当与否及定额标准的掌握，关键在于领班。各楼层应配备专人负责楼层物资用品的领用、保管、发放、汇总以及分析工作。

（2）控制日常客用品消耗量。客房用品的流失主要是由员工造成的。比如，有些员工在清洁整理房间时图省事，将一些客人未使用过的消耗品当垃圾扔掉，因此领班做好员工的思想工作，现场指挥和督导，是减少客用品浪费和损坏的重要措施。同时，还要为员工创造不使用客用品的必要条件。

2.每日统计

服务员按规定数量和品种为客房配备与添补用品，并在服务员做房报告上做好登记。楼层领班根据服务员的做房报告汇总填写"每日楼层消耗品汇总表"，汇总客用品的耗用量。

3.定期分析

一般情况下，这种分析应每月做一次，其内容包括以下几点：

（1）根据每日楼层消耗汇总表制定出"楼层日常消耗品月度用量汇总分析表"。

（2）结合住客率及上月情况，制作"每月客用品消耗分析对照表"。

（3）结合年初预算情况，制作"月度预算对照表"。

（4）根据"控制对照表"前后对照，确定每天每间客用品平均消耗额。

任务实施 ◎◎

步骤1：将全班同学按每个小组5～6人分成学习小组，每组确定1人负责，联系当地教学实习基地中三星级、四星级、五星级酒店的客房部各2家。

步骤2：组织学生与客房部员工及主管进行交流，明确任务要求。

步骤3：实地考察客房的各种用品以及各种用品的作用与管理方法。

步骤4：认真做好记录，收集各种资料。

步骤5：根据考察结果形成"酒店客房用品管理考察报告"。

步骤6：在教师的指导下，各组在班级进行交流讨论。

步骤7：教师进行点评与总结。

任务评价 ◎◎◎

酒店客房用品管理企业调研评价标准见表6-2。

表6-2   酒店客房用品管理企业调研评价标准

考核项目	评分标准	分值（分）	得分（分）
小组工作计划	工作计划周密、严谨，任务分工到位	10	
小组配合	小组配合默契，充分发挥团队协作精神	10	
调研报告质量	调研报告格式规范	10	
	考察调研目的明确	10	
	调研方式恰当	10	
	问卷设计结构完整、契合主题、满足调研基本要求	10	
	数据处理和分析准确	20	
建议的可行性	提出的建议合理，有利于酒店开源节流	20	
总分		100	

◉ 任务三 客房布草管理

任务导入

　　组织学生到星级酒店客房部调研，了解其布草的种类及管理方法，根据所学知识，找出该酒店客房布草管理值得肯定的地方以及存在的问题。

相关知识 ◉

一、客房布草的种类

　　根据布草的用途，客房布草可以分为三大类，即卫生间布草、床上布草和其他布草。

（一）卫生间布草

卫生间布草包括地巾、浴衣、小浴巾、大浴巾、方巾、面巾。

（二）床上布草

床上布草包括床罩、床单、枕套、褥垫、被套、床裙。

知识链接6-3

酒店实用小知识，这些你都知道吗

知识链接6-2
酒店浴巾选购指南

推荐视频6-8
宾馆酒店客房
布草未来产品
趋势

推荐视频6-9
酒店布草产品
展示

微课视频6-2

客房布草的
标准

（三）其他布草

其他布草有沙发套、纱窗帘、遮光窗帘、帷幔等。

二、客房布草的标准

（一）客房布草的储备标准

客房布草的储备标准为3～5套不等，这里的"套"是指按饭店规定的布置标准把所有客房布置齐全需要的布草量就称为一套。决定客房布草套数多少的主要因素有：营业状况、洗衣房运转状况、部门预算、饭店档次。

一般饭店配备3套布草：

（1）在客房使用；

（2）在洗衣房洗涤；

（3）在布草房备用。

如果饭店档次高或者部门预算不是很紧，更多一点的需要量是5套：

（1）在客房内使用；

（2）在楼层储存室或工作车上；

（3）在中心布草房；

（4）已经脏了正送往洗衣房；

（5）正在洗衣房的处理之中。

（二）客房布草的规格标准

1.床单和枕套的规格

床单和枕套的规格尺寸主要依据床及枕芯的大小而定，同时也受到床单质地和饭店铺床标准等因素的影响。

（1）床单尺寸。

床单尺寸按下列公式计算（不含缩水率，单位：cm）：

床单长度=床垫长度+床垫厚度×2+15×2

床单宽度=床垫宽度+床垫厚度×2+15×2

为了便于记忆，无论饭店使用何种规格的床，所用床单只在床的长宽基础上各加60cm（不含缩水率）即可。例如：双人床规格为150cm×200cm，其床单尺寸应为210cm×260cm。

（2）枕套尺寸。

通常，枕套的宽度要比枕芯多出25cm，长度要多出20～33cm，以便包住枕芯并将多余的长度反折进枕套里，这是许多饭店采用的一种枕套尺寸。床上布草参考尺寸见表6-3。

2.卫生间布草的规格

参照饭店星级评定标准的有关要求，客房卫生间布草的尺寸规格见表6-4。

表6-3　　　　　　　　　　　　**床上布草参考尺寸**

类别	床垫规格（cm）	参考尺寸（cm）	计算方法
单人床单	100×190	160×250	在床垫的长宽基础上各加60cm（不含缩水率）
双人床单	150×200	210×260	同上
大号床单	165×205	225×265	同上
特大号床单	180×210	240×270	同上
普通枕套（枕芯：45cm×65cm）	—	50×85	在枕芯的宽基础上加5cm，长基础上加20cm（不含缩水率）
大号枕套（枕芯：50cm×75cm）	—	55×95	

表6-4　　　　　　　　　　　　**客房卫生间布草的尺寸**

类别	尺寸（cm）	重量（g）	饭店档次
大浴巾	120×60	400	一、二星级
	130×70	500	三星级
	140×80	600	四、五星级
小浴巾	100×34	125	无明确规定
面巾	55×30	110	一、二星级
	60×30	120	三星级
	70×35	140	四、五星级
地巾	65×35	280	一、二星级
	70×40	320	三星级
	75×45	350	四、五星级
方巾	30×30	45	三星级
	30×30	55	四、五星级
浴袍	大、中、小号	不定	四、五星级

三、客房布草的管理

（一）贮存与保养布草

1.库房条件

不管是楼层库房还是客房中心库房存放布草，必须具备如下条件：

（1）通风良好，相对湿度不大于50%；

（2）温度不超过20℃；

（3）备有足够的、提存方便的棉织品架；

（4）备有必要的消防设施。

2.布草存放

布草存放要做到：

（1）客房、餐厅布草要分类存放，并用标签注明，以保证准确发放各种布草，同时便于盘点和查库；

（2）暂时不用的布草要贴好标签放在布草架上封好，以防止积尘、变色；

（3）报废布草要贴好标签放在布草架上，并注明"报废布草"。

3.布草保养

（1）备用布草不宜库存太多，因为存放时间过长会使布草质量下降；

（2）不论是备用布草还是在用布草，都必须遵循"先进先出"的使用原则；

（3）刚从洗衣房送来的布草，最好在货架上搁置一两天再用，这样可延长布草的使用寿命；

（4）从洗衣房送来的布草在上架时要仔细检查布草是否完全干透，没有熨干的要送回洗衣房重新处理；

（5）新布草购回后，必须洗涤后再储备或投入使用。

（二）发放布草

（1）送洗和领取布草数应相同。不管是楼层还是餐厅，送选的脏布草应填表列明。在洗衣房收到脏布草并予以核对后签字认可，即可去布草房领取相同品种和数量的干净布草。

业务表单6-7

楼层棉织品
申领单

布草房和客房各楼层班组的布草交换程序为：客房各楼层班组按消耗定额配备布草品种及数量，并保留必要的周转交换量。送回洗衣房的脏布草由洗衣房员工清点，并填写"楼层棉织品申领单"。

（2）如果布草房复核布草有短缺，由布草房员工填写"布草欠单"或在申领单上注明并签字，以此作为归还凭据。

业务表单6-8

布草欠单

（3）如果使用者需要超额领用，应填写借物申请，并经有关人员批准。

（三）盘点布草

布草盘点需定期进行，通常有一个月、三个月、半年和年终盘点之分。年终盘点须有财务人员参加，其余盘点由客房部自己组织。通过盘点可以控制布草的丢失和报废数量，同时为下一年布草预算做准备。客房布草盘点程序如下：

（1）预先通知客房部及有关部门；

（2）在同一时间内，对所有布草进行清点，包括楼层库房中的、工作车上的、洗衣房及中心客房的布草；

（3）将清点结果填写在"布草盘点统计分析表"上。

（4）盘点过后的布草应与预算定额标准进行比较，发现问题及时采取措施予以解决。

（四）布草的报废及再利用

为了保持饭店的规格和服务水准，棉织品在使用到一定时间或使用到一定程度后就必须淘汰，饭店应根据本饭店的具体情况确定棉织品的更新周期或定出更新标准。

为了分散工作量，布草房员工应根据饭店规定的更新标准，对已达到更新要求的棉织品进行剔除。许多饭店会把反复洗涤仍有污渍的、色差比较大的、破损的布草或单独存放或缝纫一条彩色线，以示区分。报废布草一般由布草房主管核对，由客房部经理审批并填写报废单，然后根据具体情况改成枕套、婴儿床单、抹布等。

业务表单6-9
布草盘点统计
分析表

任务实施 ◉◉

步骤1：将全班同学按每个小组5~6人分成学习小组，每组确定1人负责，联系当地教学实习基地中三星级、四星级、五星级酒店的客房部各2家。

步骤2：组织学生与布草房员工及主管进行交流，明确任务要求。

步骤3：实地考察客房布草的管理方法。

步骤4：认真做好记录，收集各种资料。

步骤5：根据考察结果编制"酒店客房用品管理考察报告"。

步骤6：在教师的指导下，各组在班级进行交流讨论。

步骤7：教师进行点评与总结。

职业前沿6-1
G20服务过国
家元首 这位
酒店人三十年
只做一件事

任务评价 ◉◉◉

酒店客房布草管理企业调研评价标准见表6-5。

表6-5 酒店客房布草管理企业调研评价标准

考核项目	评分标准	分值（分）	得分（分）
小组工作计划	工作计划周密、严谨，任务分工到位	10	
小组配合	小组配合默契，充分发挥团队协作精神	10	
调研报告质量	调研报告格式规范	10	
	考察调研目的明确	10	
	调研方式恰当	10	
	问卷设计结构完整、契合主题、满足调研基本要求	10	
	数据处理和分析准确	20	
建议的可行性	提出的建议合理，有利于酒店开源节流	20	
总分		100	

国际视野6-1
饭店业的奠基
者——欧内斯
特·亨德森和
罗伯特·摩尔

国际视野6-2
最齐全的各大
国际酒店集团
族谱——凯悦
国际酒店集团

项目同步测6

项目七　客房安全管理

◉ 项目描述

　　客房安全是一个全方位的概念，它包括三层含义，即客人安全、员工安全和客房安全。根据国际旅馆业的惯例，旅客一经住宿登记，饭店就要正式对旅客的安全承担责任，保护客人的人身和财产安全，保证客人的心理安全，保障客人的合法权益；同时，还要保障员工的生命、财产安全和员工的职业安全；客房安全指饭店以及客房楼层本身的安全，主要指客房区域应处于没有危险的状态并对潜在危险因素进行排除。只有在安全的环境内，各种服务活动才能得以开展。为了实现教学目标，本项目设置了消防安全控制、安全事件处理、客房职业安全三个学习任务。

◉ 学习目标

知识目标
1. 了解客房安全的基本含义；
2. 熟知客房火灾发生的原因及预防措施；
3. 知晓常见灭火器材的种类及使用方法；
4. 掌握客房常见安全问题发生的原因、预防措施及处理办法；
5. 掌握客房职业安全常识。

技能目标
1. 能够按照规范应对发生火情、听到报警与疏散信号等情况；
2. 能够应对客人住店期间常见的安全问题；
3. 能够按照客房职业安全规定规范作业。

素质目标
1. 培养学生耐心细致的工作态度；
2. 培养学生的安全意识。

◉ 任务一　消防安全控制

任务导入

　　到当地一家五星级酒店进行参观，通过参观和酒店专业人员的讲解，了解该酒店客房安全设施设备的配备情况及各种设施设备的用途及使用方法，完成"星级酒店客房安全设施设备考察学习任务单"。

名家观点 7-1

安全与卫生必须放在酒店业工作第一位

相关知识 ◉

一、客房安全概述

（一）客房安全的含义

　　客房安全是一个全方位的概念，它不仅仅是指入住饭店的客人的安全，还包括饭店的员工安全及整个饭店的安全。

前沿资讯 7-1

图解国内酒店安全环境数据分析

1.客人安全

　　根据国际旅馆业的惯例，旅客一经住宿登记，饭店就要正式对旅客的安全承担责任。第一，保护客人的人身和财产安全，这是客房安全的首要工作；第二，保证客人的心理安全，即客人入住客房后对环境、设施和服务的信任感；第三，保障客人的合法权益。客人入住客房后，该客房就成了客人的私人场所，饭店的任何人员，在非特殊情况下，都不得随便进入该客房，饭店员工有责任为客人保守秘密和隐私。

2.员工安全

　　客房安全不仅仅指客人安全，还包括员工的生命、财产安全和员工的职业安全。饭店应为员工提供一个健康的工作环境，制定安全操作程序，定期为员工检查身体。

3.客房安全

　　客房安全指饭店以及客房楼层本身的安全，主要指客房区域应处于没有危险的状态并排除潜在的危险因素。

（二）客房安全的特性

　　客房安全是饭店安全的重要组成部分，行业特性使其具有不同于其他部门安全管理的独特性。

1.客房在安全上有致命性的弱点

　　（1）作为服务性企业，客房服务员既要向宾客表示出热情欢迎，又要防范和制止不法分子的不良行为或犯罪行为。处理好这两者之间的关系很不容易。

　　（2）客房一经出租就成为客人的私人场所，具有隐蔽性，安全隐患不易被察觉。

　　（3）客房的安全管理制度，如请勿卧床吸烟、访客制度等，必须得到客人的理解与配合才能有效实施。

2.不安全因素较多、管理难度大

（1）饭店是公共场所，是消费场所，人员流动量大，客人形形色色，有住客、有访客，也可能有伺机作案的犯罪分子。人员往来复杂，目的各异，为饭店带来很大的安全隐患。

（2）饭店业属于劳动服务业，员工众多，且流动率较高，对饭店安全工作也造成一定的影响。

（3）客房区域是存有大量物资财产、资金的场所，很容易成为外来不法分子及饭店不法职工进行偷盗的目标。

（4）客房一般位于饭店的上层，房间内有大量的生活用品和电器设备，用电量大，易燃物多，且电源、火源及饭店装潢工程较多，这些潜在的不安全因素，都会给饭店安全管理带来很大的难度。

3.对服务人员的素质和技巧要求高

（1）客房安全管理以防火、防盗、防爆、防突发事件为主，项目多，难度大，而且许多是涉外案件。一旦发生安全事故，不仅给当事人造成损失和痛苦，也给饭店的声誉带来极恶劣的影响，甚至影响到国家的形象。这也对从业人员的综合素质提出了更高的要求。

（2）客房服务员在执行规章制度时，既要态度坚决，又要讲究技巧，既要保证客人的安全，又要注意不妨碍客人的自由，这就要求客房服务员既要讲究原则，又要有灵活性。例如，有客来访，楼层服务员必须有记录，并留心观察房内动静有无异常。访客到晚间规定时间仍不离开客房，要劝其离开或登记留宿，而有的客人对此有抵触情绪。此时，服务员要坚持原则，但讲话要委婉，不能伤害客人的自尊心。

二、客房部火灾发生的原因及预防

火灾直接威胁酒店内客人和员工的生命财产安全及酒店的财产安全，使酒店在声誉和经济上付出沉重代价。火灾虽然发生率很低，但后果严重，酒店必须认真对待防火问题。

了解客房发生火灾的原因，可以防患于未然。《世界酒店》杂志对近年来酒店发生火灾的区域及原因进行统计分析的结果表明，火灾多发生在客房区域，占酒店火灾的68.8%。其具体内容详见表7-1。

表7-1　　　　　　　　酒店火灾区域统计

火灾区域	所占比例（%）
客房	37.6
楼层走道	31.2
厨房、仓库	17.9
其他服务场所	8.1
电机房	5.2

（一）客房发生火灾的原因

客房发生火灾的原因主要有如下几种：

1.吸烟不慎引起火灾

吸烟不慎引起的火灾在酒店火灾中居首位，起火区域多为客房。吸烟不慎引起的火灾主要有以下五种情况：

（1）乱扔未熄灭的烟头、火柴棍，引起地毯、沙发、衣服、废纸篓、垃圾桶起火。

（2）躺在沙发、床上吸烟，火星散落其上，引燃导致火灾。这种原因引起的火灾在客房火灾中所占比例最大。

（3）客人将未熄灭的烟头放在沙发扶手上，因事后遗忘或掉落在沙发上引起沙发起火。

（4）客人将未熄灭的烟头或火柴棍扔入烟灰缸内离去，引起缸内可燃物着火。这类火灾大多发生在烟灰缸靠近其他可燃物的情况下。

（5）在禁止吸烟的地方违章吸烟。在有可燃气体或蒸汽的场所，违章点火吸烟，发生爆炸起火。

2.电器引起火灾

在酒店火灾中，由电器引起的火灾仅次于因吸烟不慎引起的火灾：

（1）电器线路引起的火灾。电器线路往往由于超载运行、短路等原因，产生电火花、局部过热，导致电线、电缆和周围可燃物起火。

（2）用电设备引起火灾。电器设备由于质量差、发生故障或使用不当引起火灾事故。

3.其他原因

（1）宾客将易爆易燃物品带进客房，引起火灾。

（2）员工不按安全操作规程作业，如客房内明火作业，使用化学涂料、油漆等，未采取防火措施而造成火灾。

（3）防火安全系统不健全、消防设施不完备等。

（二）客房部火灾的预防

客房部的日常防火工作很重要，客房部应该结合本部门特点制定出适合本部门的火灾预防措施。

（1）客房内配置完备的防火设施设备，包括地毯、家具、床罩、墙面、窗帘、房门等，尽可能选择具有阻燃性能的材料制作。

（2）禁止客人携带易燃、易爆物品进入客房。

（3）不得在客房内自行安装电器设备，禁止使用电炉、电暖气等电器。提醒使用电熨斗的客人注意安全。

（4）及时清理楼道内的垃圾，保证疏散通道的畅通无阻。

（5）定期检查房内电器是否处于正常使用范围，是否超负荷用电。

（6）熟悉各种消防设备和设施的存放地点。

（7）定期打扫楼梯间、转弯处等隐蔽区域，杜绝隐患的存在。

（8）房内床头柜上摆放"请勿吸烟"的标志，烟灰缸应摆放在梳妆台上。

（9）发现火情时，应马上报告消防中心。

（三）消防灭火系统的组成

微课视频7-1

酒店消防灭火
系统的组成

火灾是饭店的致命伤。现代化的饭店一般都为高层建筑，一旦发生火灾，后果不堪设想。饭店必须建立自身的消防灭火系统，由多种火灾报警器、灭火器、防火门、消防泵、增压风机等组成的自动灭火系统是饭店必备的安全设施。

1.报警器

（1）手动报警器。

手动报警器一般安装在每层楼的入口处，有楼层服务台的饭店则设在服务台附近的墙面上。当发现附近有火灾时，打开玻璃压盖或打碎玻璃使触点弹出，即可报警。另外，还有一种手压报警器，只要按下按钮，即可报警。

（2）烟感器。

饭店常用的烟感器有两种：电离压力计烟感自动报警器和光电管烟感自动报警器。烟感器常用于客房楼层的报警（见图7-1）。

图7-1　烟感器

推荐视频7-1
灭火器的日常
维护

推荐视频7-2
常用灭火器的
种类及用途

推荐视频7-3
消火栓的使用

推荐视频7-4
各类灭火器的
使用方法

（3）热感器。

当火灾的温度上升到热感器的动作温度时，热感器的弹片便自动脱落造成回路，引起报警。

2.灭火器

饭店常用的便携式灭火器材有喷水灭火器、二氧化碳及干化学剂灭火器等，具体分类及使用方法见表7-2。

（1）喷水灭火器。

喷水灭火器主要用于木头、纸等起火的扑灭，它包括自动喷水器、花洒和储水管。

（2）二氧化碳、干化学剂灭火器。

饭店应配备二氧化碳及干化学剂灭火器来扑灭易燃液体起火和电起火。

表7-2   **饭店常用的便携式灭火器的使用方法**

灭火器材	适用范围	使用方法
二氧化碳灭火器	扑救电气火灾、重要文件、珍贵设备、精密仪器以及油类等火灾	1.先拔去保险销； 2.一手持喷筒把手，并紧压把手，气体即自动喷出
干粉灭火器	范围广，如易燃液体、电器、金属、纸类、纺织品等火灾	1.拔出保险销； 2.把喷管喷口对准火源，拉动拉环，即喷出
泡沫灭火器	用于扑灭油类、可燃液体和可燃固体的初起火灾	持灭火器颠倒握牢，使泡沫从外向内射向火源
"1211"灭火器	可用于油类、化工原料、易燃液体、精密设备、重要文件及电器着火	1.先拔掉保险销； 2.握紧压把开关，使密封阀开启； 3.灭火器在氧气压力作用下，通过虹吸管由喷嘴射出

三、客房部火灾发生的应对

当饭店发生火灾时，客房管理人员必须保持镇静，并迅速采取有效措施，以保证宾客的生命、财产安全，尽量减少人员伤亡和饭店的损失。

（一）发现火情时的处理

1.立即使用最近的报警装置，发出警报。

2.及时发现火源，用电话通知总机，讲清着火地点和燃烧物质。

3.使用附近合适的消防器材控制火势，并尽力将其扑灭。如使用灭火器，拔下保险栓，喷嘴对准火源，用力压下握把。

4.关闭所有电器开关。

5.关闭通风、排风设备。

6.如果火势已不能控制，则应立即离开火场。离开时应沿路关闭所有门窗。在安全区域内等候消防人员到场，并为他们提供必要的帮助。

（二）听到火警信号的应对措施

客房服务人员首先要能辨别火警信号和疏散指令信号。如有的饭店规定一停一响的警铃声为火警信号，持续不断的警铃声为疏散信号。

1.火警信号

（1）客房服务人员听到火警信号后，应立即查看火灾是否发生在本区域。

（2）无特殊任务的客房服务人员应照常工作，保持镇静、警觉，随时待命，同时做好宾客的安抚工作。

（3）除指定人员外，任何员工在任何情况下都不得与总机房联系，全部电话线必须畅通无阻，仅供传达火警紧急指示用。

知识链接7-1
消防安全标志

（4）客房部经理或副经理留守在办公室待命，确定起火区域后立即采取救火措施或赶赴现场指挥救火。

2.疏散信号

疏散信号表明饭店某处已发生火灾，要求宾客和全体饭店员工立即通过紧急出口撤离到指定地点。该信号只能由在火场的消防部门指挥员发出。

（1）迅速打开太平门、安全梯，并组织工作人员有步骤地疏散客人。

（2）客房部工作人员应敲击和打开房门，帮助客人通过紧急出口离开房间，要特别注意帮助伤残、老、幼、孕住客。客人离开房间后要立即关好门，以阻止火焰的蔓延。

（3）各楼层楼梯口、路口都要有人把守指挥，以便为宾客引路，避免大量宾客涌向一个出口，造成挤伤、踩踏事故。

（4）火灾发生后，要注意检查每个房间内是否还有客人。

（5）客房部经理应根据考勤记录在集合地点点名，保证每个工作人员都点到。

（三）逃生

（1）离开客房时，关好房门、带好钥匙，以备疏散路线中断时退回到客房自救，并等待外面救援。

（2）随身携带一条湿毛巾，经过烟雾区时用湿毛巾捂住口鼻，以防有毒气体，经过浓烟区时，要弯腰或爬行前进。

（3）认清前进方向，从最近通道疏散。高层饭店的客人无法下楼时，可往上跑，跑到楼顶后，应站在逆风一面，等待营救。

（4）在不得已留在房内时，应沿着门缝塞上湿毛巾或床单，防止烟雾进入。在浴缸内放满水，将所有易燃物品用水浸湿，若用洗发液和沐浴液等混在水里，灭火功能会更好。此时若房门或门把手发烫，千万别开门，要不断往门或其他易燃物品上浇水，以降低温度。除非房内充满浓烟，必须开窗换气，否则不可开窗，以防火从窗口窜入。

推荐视频 7-5
宾馆、酒店防
火逃生

知识链接 7-1

紧急逃生十三法

案例精选 7-1

某饭店紧急疏
散方案

任务实施 ◎ ◎ ◎

步骤 1：联系当地教学实习基地中五星级酒店，仔细阅读教师布置的该酒店的信息资料。

步骤 2：领取"星级酒店客房安全设施设备考察学习任务单"，明确任务要求。

步骤 3：实地考察该酒店客房安全设施设备配置情况，专注倾听企业专业人员讲解各种安全设施设备的作用及使用方法，并认真记录。

步骤 4：根据考察结果填写表 7-3"星级酒店客房安全设施设备考察学习任务单"。

表7-3　　　　　　　　　**星级酒店客房安全设施设备考察学习任务单**

酒店名称：　　　　　　　　　　酒店星级：

设施设备类别	设施设备名称	设施设备位置	设施设备用途
电视监控系统			
钥匙系统			
客房内安全设施与用品			
楼层消防报警和灭火设备			
应急照明和安全标识			

任务评价 ◉◉◉◉

星级酒店客房安全设施设备考察考核评价标准见表7-4。

表7-4　　　　　　　　　**星级酒店客房安全设施设备考察考核评价标准**

考核项目	评分标准	分值（分）	得分（分）
仪表仪容	着装整洁，妆容适宜，符合酒店礼仪规范要求	25	
学习态度	观察细心，专注倾听企业人员讲解，并认真记录	25	
资料搜集	资料搜集充分，为完成学习任务提供翔实资料	25	
任务单撰写	字迹工整、内容翔实，信息填写准确	25	
总分		100	

◉ 任务二　安全事件处理

任务导入

　　一天上午9点30分，客房服务中心接到九层服务员报告："918房中国台湾来的女士报失，称她从中国台湾带来的14枚戒指被盗，其中最贵重的一枚钻石戒指价值人民币一万多元。"如果你是客房部经理，你将如何处理这起事件？请组成三人学习小组，分别扮演客房部经理、保安、客人，分析案例并将问题处理过程进行模拟展示。

相关知识 ◉

　　偷盗事件在酒店里时有发生，在管理不善的酒店更是如此。偷盗的发生或多或少地影响客人在酒店内的正常活动，直接或间接地影响酒店的声誉。客房部应采取有效措施，预防偷盗事件的发生。

一、防盗安全管理

　　据国外统计，在客人报称丢失物品中，有40%是放错了地方，30%是客人记忆不清，30%是真正丢失。一旦发生失窃，饭店有关部门的领导和工作人员，都应该积极协助客人（或公安机关）调查失窃原因，寻找线索，尽快破案。

（一）客房失窃类型

客房失窃可分为酒店财物失窃和宾客财物失窃两种类型：

1.酒店财物失窃

酒店失窃的物品通常有床单、毛巾、毛毯以及客房用品。失窃金额虽然比较小，但还是要引起客房部员工的重视。

2.宾客财物失窃

为避免宾客丢失贵重物品，服务员应提醒宾客做好贵重物品的登记工作。

（二）客房失窃的原因

　　客房失窃事件在各个酒店中都时有发生，不仅宾客会受到财物的损失，酒店本身也会受到一定的影响。客房失窃的原因一般有如下三种：

1.员工内盗

员工内盗是指酒店内部员工的偷盗行为。心理学研究得出，人有从众行为，容易仿效。当一名员工被发现有偷盗行为而没有被及时阻止的话，其他员工可能会仿效着去偷盗。

2. 宾客盗窃

宾客偷盗是指住店宾客中的不良分子有目的或者是顺手牵羊的偷盗行为。

3. 外来人员盗窃

外来人员盗窃是指社会上一些不法分子进入酒店而引起的偷盗行为。

案例精选7-1
客房被窃

（三）盗窃事故的预防

为有效防止失窃事件的发生，应针对不同的失窃原因采取相应的预防措施。

1. 防止员工偷盗行为

客房部的员工经常接触酒店和宾客的财物，因此，客房部应从实际出发制定以下有效防范员工偷窃的措施：

（1）聘用员工时，严格进行人事审查。

（2）制定有效的员工识别方法，如通过工作牌制度识别员工。

（3）客房服务员、工程部维修工、餐饮部送餐服务员出入客房时应登记其出入时间、事由、房号及姓名。

（4）制定钥匙使用制度。客房服务员领用工作钥匙必须登记签名，使用完毕后将其交回办公室。

（5）建立部门资产管理制度，定期进行有形资产清算和员工存物柜检查，并将结果公之于众。

案例精选7-2

顾客放在客房
的物品被盗

（6）积极开展反偷盗知识培训和对偷盗者的教育培训。

2. 防止客人偷盗行为

客房部制定科学、具体的"宾客须知"，明确告诉宾客应尽的义务和注意事项。也可以采取以下措施：

（1）在酒店用品上印上或打上酒店的标志或特殊标志，使客人打消偷盗的念头。

（2）制作一些有酒店标志的精美的纪念品，如手工艺品等，给客人留作纪念。

（3）做好日常的检查工作，严格管理制度，杜绝不良客人的企图。

3. 防止外来人员的偷盗行为

酒店周围可能会有一些不法分子在盯着酒店客人伺机而动，因此可以采取以下措施：

（1）加强楼层进出口控制及其他场所的不定时巡查。

（2）加强安全措施，对于有价值的物品（如景泰蓝花瓶）摆放在公共场所的，要注意保护。

拓展阅读7-1

安全问题引关
注 国外酒店
如何维护安全

（3）注意来往人员携带的物品，对于可疑人员尤其要高度重视。

二、其他安全事故的处理

（一）暴力事件的处理

饭店发生的暴力事件有恐吓、抢劫、凶杀、打架斗殴、流氓滋扰以及爆炸或发现可疑爆炸物品等。

（1）严格会客登记手续，密切注意可疑人员，发现问题及时报告有关部门。

（2）提高警惕，加强巡视检查。分工合作，定点负责。

（3）对可疑人员可采用跟踪、观察、交谈等方式查清意图。

（4）事件一旦发生，应立即报告保安部，由保安人员通过劝说、诱导、强制等方式制服可疑人员，以免事态扩大；也可由保安人员迅速将可疑人带入办公室或无客人区域，查明其身份、目的、工作单位和住址。

（5）发现爆炸物或疑似爆炸物，应及时报警，保持沉着冷静，不要轻易接近或移动爆炸物，听从指挥，坚守岗位，配合专业人员排除险情。

（二）保密房的防范处理

饭店里经常会有客人要求将其住房设置为保密房，为了充分尊重客人的隐私权，饭店一般都会同意。但保密房的设施，也会让一些不法分子有机可乘，如赌博、嫖娼、绑架勒索等。为了能更好地保护客人正当的隐私要求，使饭店能有良好的经营环境，应制定以下预防处理措施：

（1）当接到有客人要将房间设置为保密房时，应通知保安部、前台、总机房及客房服务中心。

（2）保安部、总台、总机房、客房服务中心每天应将保密房的情况落实到每个当班人员。如有人询问有关保密房的信息，应婉言拒绝，不得将客人情况外泄。

（3）报案监控及楼层服务员应密切注意监控各保密房进出人员的情况，如进出次数、外貌特征等，并详细记录。

（4）服务员进房服务时，应仔细观察房内情况，如有异常及存在不安全因素，应立即通知保安部。

（5）如客人24小时内仍不让服务员进房服务，服务员应立即报告保安部，保安部可派人定岗进行监控。如超过24小时，房内无任何动静，可打电话、敲门询问，如没有回音，保安、服务员可开门进行查看。如客人始终不出房门，也不让任何服务员进入，这时可将房内的水、电、空调暂时关闭，保安员以维修人员的身份进入查看，如客人还不让进，必要时报请饭店领导同意后，请公安机关协助查房。

（6）在处理各类保密房引发的安全事故时，应尽量避免影响所在楼层的其他客人。在无法确认住客的行为是否违法时，不可随意惊动；如遇有重大的暴力事件，应保护住客及员工的生命安全。

（三）客人意外受伤的处理

（1）客人住店期间在饭店内因某种原因而受到伤害时，客房管理者得知后，应立即前往现场，安慰客人。

（2）如果是轻伤，可请客人到医务室包扎。若伤势较重，打电话至医务室，请医生前来处理，对需送医院治疗并住院的，应记下医院的名称和病床号，回店后填写有关表格。

（3）协助大堂副理与伤者的家属、同事、领队、陪同联系。

（4）管理者应视客人的伤势选择恰当的时机到房间探望问候，向客人表示慰问。如事故责任在店方，还应向客人道歉，安排员工对该房的客人在服务上给予特殊的照顾。

案例精选7-3
顾客去酒店外的厕所摔伤

（5）对事件发生的经过做好记录，调查事故发生的原因，从中吸取教训，防止类似事故再次发生。

（四）客人死亡的处理

住客死亡多发生在客房内，服务员对楼层的异常情况要多留心并及时报告管理人员。如客人情绪低落，连日沉默不语；客房长时间挂"请勿打扰"牌；房内有异常动静；访客离去后不见客人出来且房内久无动静等。一旦发现客人在房间内死亡，应做如下处理：

（1）保持冷静，立即将门双锁以保护现场，切不可移动尸体或任何物品。

（2）立即通知客房部经理、总经理和保安部，由保安部报告公安机关并派人保护现场，等候调查。

（3）调查验尸后，如属于正常死亡，经警方出具证明，由饭店通知死者家属并协助处理后事；如认定属于非正常死亡，饭店应积极协助调查。

（4）有关工作人员要密切配合公安机关调查取证，尽可能详细地提供线索，同时也要注意保密：一方面是基于尊重客人的考虑，饭店从业人员对客人的任何事故都有保密的责任；另一方面，如果事故消息扩散出去，不仅使其他客人产生恐慌，影响饭店声誉，也会给侦破工作造成困难。

（5）发生事故的客房事后应加以严格消毒，客用品报请销毁。

（6）整体事件处理后，应由客房部记录并将事件经过及处理的结果报告总经理。

（五）停电事故的处理

饭店发生停电事故的可能性较大，会给客人和饭店带来较大麻烦，因此，饭店须有相应的应急措施，如采取双路进电或自备紧急供电装置，保证在停电后能立即自行启动供电。客房部还应制定相应的安全计划保证停电时楼层的安全。

（1）预知停电时，可用书面通知方式告知住店客人，以便客人做好准备。

（2）停电后，客房工作人员应平静地留守在各自的岗位上。

（3）向客人说明是停电事故，饭店正在采取紧急措施恢复供电，以免引起恐慌。

（4）如在夜间停电，应用应急灯照亮公共场所，帮助滞留在走廊及电梯中的客人转移到安全的地方。

（5）停电期间，注意安全检查，加强客房楼道的巡视，防止有人趁机行窃和破坏，防止客人因燃点蜡烛而引起火灾。

知识链接 7-2

客人伤病处理常识

知识链接 7-3

外籍客人死亡的处理

任务实施 ◉◉

步骤 1：接受客人报失

（1）接到客人在房间内丢失财物的投诉后，应立即通知值班经理、保安部和客房部；

（2）封锁现场，保留各项证物，会同保安人员、客房部人员立即到客人房间；

（3）用亲切的语言安慰客人，使客人情绪平复安定。

步骤 2：做好访问记录

（1）失主的姓名、年龄、性别、国籍、职务、来访目的、来店及离店日期和具体时间、去向等；

（2）丢失物品的准确时间，最后见到失物的时间；

（3）丢失物品的准确地点，位置；

（4）丢失物品的名称、种类、型号、数量、特征、新旧程度、特殊标记、有无保险等；

（5）丢失前是否有人来过房间，诸如亲朋好友来访、打扫房间、工程维修、洗送衣服等情况，失主有无怀疑的具体对象以及怀疑的根据等；

（6）失主有何要求，如开具丢失证明或要求酒店赔偿。

步骤3：进行调查

（1）向保安部调出监控系统的录像带，以了解出入此客房的人，便于进一步调查；

（2）排查失窃前曾逗留或到过失窃现场的人员；

（3）经过分析后帮助客人寻找，请客人耐心等待或让客人在现场一起寻找；

（4）将详细情况记录下来。

步骤4：回复客人

（1）若找到物品及时交给客人；

（2）若找不到物品，应向客人表示同情并耐心解释；若丢失原因不明，酒店不负责赔偿，请客人留下电话，以便今后联系。

步骤5：报警

（1）遗失物品确定无法找到，而客人坚持报警处理时，立即通知保安部人员代为报警；

（2）待警方到达现场后，让保安部人员协助客人及警方进行事件的调查。

步骤6：记录备查

将事情发生的原因、经过和结果记录于值班经理交接本上，以备核查。

任务评价 ◉ ◉ ◉

客人财物丢失的处理技能考核评价标准见表7-5。

表7-5　　　　　　　　　客人财物丢失的处理技能考核评价标准

考核项目	评分标准	分值（分）	得分（分）
案例分析	能准确分析案例原因，按照处理程序提出恰如其分的处理方法	20	
情景模拟	情景模拟生动、准确	10	
	业务熟练，符合操作规范要求	10	
	动作自然，举止符合职业礼仪规范	10	
	服装道具设计符合职业岗位要求	10	
	语言流畅、符合岗位专业术语要求	10	
	展示成果符合客房对客服务技能标准要求	10	
应变测试	熟练准确回答教师的提问，应变能力强	20	
总分		100	

◉ 任务三　客房职业安全

任务导入

　　根据有关数据显示，客房清扫员遭遇的高发的客房职业安全潜在危险有七类，即化学药品、肌肉扭伤、蹒跚与滑倒、吸尘器触电、玻璃割伤、含有病菌的垃圾袋与布草袋、针的控制。请组成6人学习小组，走访星级酒店客房部清扫员，调查了解在实际客房作业中，针对上述七类潜在危险，他们是如何在工作中有效预防的，并根据访谈结果完成"客房职业事故调查表"。

相关知识 ◉

前沿资讯7-2

酒店员工安全调查报告：国内八成酒店存隐患

一、工伤事故的原因分析

　　客房服务员在进行客房服务过程中，由于不注意安全因素，时有工伤事故发生，造成宾客或员工自身的人身伤害，既损害了个人的身心健康，又影响了饭店的声誉和经济利益。造成工伤事故的原因主要有以下几种：

（一）员工的危险行为

　　员工的危险行为是造成事故的主要原因之一，如服务员不按要求使用工具设备、不遵守劳动纪律、不按规定程序清扫等。

（二）工作环境存在潜在危险

　　工作环境中的潜在危险主要来自设施设备。如机械设备操作维护不当，电器设备绝缘性能差，卫生间地面、浴缸无防滑设施等。

（三）员工工作责任心不强

　　员工在工作中责任心不强，往往给饭店带来损失。如在工作中发现异常情况未及时汇报，未向宾客说明电器设备的使用注意事项，清洁器具不按规定放置等。

二、工伤事故的防范

　　据统计，饭店中约有80%的事故是由于员工不遵守饭店操作规程，粗心大意、精神不集中造成的，只有20%的事故是由设备原因所致。因此，客房部员工在工作中应树立安全意识，加强劳动保护，防止事故的发生。

（一）管理者对工伤事故的防范

　　（1）定期检查保养设施设备，发现问题及时解决；设置防护措施和危险识别标志。

（2）制定安全操作规范和必要的规章制度。

（3）改善劳动环境，科学地进行劳动分工，预防职业疾病。

（4）加强对员工（特别是新员工）的安全意识、操作规范及安全要求的教育培训。

（5）在日常管理过程中加强教育、检查和督导，纠正不正确的操作行为。

（6）制定奖惩措施，严格奖惩，强化员工的安全意识和安全责任意识。

（二）员工对工伤事故的自我防范

（1）正确着装，包括清洁时所需的护目镜及保护手套。员工制服不宜过大、过长，必须选择具备防滑功能的工鞋。

（2）长发必须齐束在脑后，不应佩戴任何悬垂首饰或手链，避免首饰被钩住或卷入机器，引发危险。

（3）在公共区域放置的工作车、吸尘器等设备，必须靠边放置。吸尘器用完后，及时拔下插头，正确卷起电线，防止路人被电线绊倒。

（4）工作时间内，不应在工作区域奔跑，避免摔跤或跌倒。

（5）清洁地面时，即使地面潮湿并不严重或很快就会干，也必须使用"地面潮湿，小心地滑"的指示牌提醒路人。忘记使用指示牌，会给员工和客人带来潜在的危险。

（6）员工运载物品必须使用袋子、篮子或手推车。

（7）工作车或搁板上的物品不得堆放过高。

（8）员工高处作业时应使用梯子，必须由两名员工共同完成：一个扶住梯子，一个在梯子上作业，确保安全。不得利用浴缸、恭桶等攀高。

（9）员工操作时，避免用手去试探眼睛看不到的地方。针头、刀子、钉子及碎玻璃很容易陷落在沙发坐垫缝隙中或靠墙的家具背后等隐蔽的地方。

（10）为了防止意外的割破或划伤，废弃的玻璃不应当和普通垃圾放在一起，必须存放在碎片等不易穿透的单独容器中。

任务实施 ◉ ◉

步骤1：将全班同学按每个小组5~6人分成学习小组，每组确定1人负责。

步骤2：领取"客房职业安全事故调查表"，明确任务要求。

步骤3：实地走访星级酒店客房部清扫员，调查了解在实际客房作业中，他们是如何有效预防七类高频潜在危险的。

步骤4：根据访谈结果，填写表7-6"客房职业安全事故调查表"。

步骤5：在教师的指导下，在班级进行交流讨论。

步骤6：教师进行点评与总结。

表 7-6　　　　　　　　　　客房职业安全事故调查表

学习小组：　　　　　　　　酒店名称：　　　　　　　　访谈对象：

潜在的危险	事故表现	预防措施
化学药品		
肌肉扭伤		
蹒跚与滑倒		
吸尘器触电		
玻璃割伤		
含有病菌的垃圾袋与布草袋		
针的控制		

任务评价 ◉◉◉

客房职业安全事故调查实践评价标准见表 7-7。

表 7-7　　　　　　客房职业安全事故调查实践评价标准

考核项目	评分标准	分值（分）	得分（分）
团队协作	团队分工合理，全员参与，团结协作，共同完成任务	25	
仪表仪容	着装整洁，妆容适宜，符合企业礼仪规范要求	25	
资料搜集	资料搜集充分，为完成客房职业安全事故调查实践提供翔实资料	25	
调查表撰写	字迹工整、内容翔实，信息填写准确	25	
总分		100	

国际视野 7-1

饭店业的奠基者——威廉姆·华尔道夫·阿斯托与约翰·雅各布·阿斯托四世

国际视野 7-2

最齐全的各大国际酒店集团族谱——温德姆酒店集团

项目同步测 7

主要参考文献

［1］蔡万坤. 前厅与客房管理［M］. 北京：北京大学出版社，2006.

［2］中国就业培训技术指导中心. 客房服务员（中级）［M］. 北京：中国劳动社会保障出版社，2011.

［3］周梁. 客房服务与管理［M］. 武汉：华中科技大学出版社，2010.

［4］韦小良. 客房服务与管理［M］. 武汉：武汉大学出版社，2011.

［5］陈宁. 前厅客房服务与管理［M］. 北京：北京理工大学出版社，2010.

［6］林红梅，韦统翰. 酒店客房管理实务［M］. 广州：广东经济出版社，2008.

［7］孔永生. 前厅与客房细微服务［M］. 北京：中国旅游出版社，2007.

［8］孟庆杰. 前厅客房服务与管理［M］. 6版. 大连：东北财经大学出版社，2017.

［9］郑治伟. 前厅与客房部运行管理实务［M］. 北京：中国劳动社会保障出版社，2015.

［10］花立明，张艳平. 前厅客房部运行与管理［M］. 北京：北京大学出版社，2014.

［11］朱多生，周敏慧. 酒店客房服务与管理［M］. 成都：电子科技大学出版社，2013.

［12］沈忠红. 现代酒店前厅客房服务与管理［M］. 北京：人民邮电出版社，2010.

［13］叶秀霜，沈忠红. 客房运行与管理［M］. 杭州：浙江大学出版社，2009.

［14］段青民. 酒店客房服务细节与作业流程手册（图解版）［M］. 北京：人民邮电出版社. 2013.

［15］汝勇健. 客房服务与管理实务［M］. 南京：东南大学出版社，2012.